创意产业
与经济研究
丛书

中国，走向城市世界

金元浦

著

山西出版传媒集团
山西经济出版社
·太原·

图书在版编目（CIP）数据

中国，走向世界城市 / 金元浦著. -- 太原：山西
经济出版社，2024.7
（创意产业与经济研究丛书 / 金元浦主编）
ISBN 978-7-5577-1242-6

Ⅰ.①中… Ⅱ.①金… Ⅲ.①城市发展—研究—中国
Ⅳ.①F299.2

中国国家版本馆CIP数据核字（2024）第012938号

中国，走向世界城市
ZHONGGUO ZOUXIANG SHIJIE CHENGSHI

著　　者：金元浦
出 版 人：张宝东
出版策划：九年有正
责任编辑：解荣慧
助理编辑：郝炯奕
复　　审：郭正卿
终　　审：李慧平
封面设计：张志奇工作室

出 版 者：山西出版传媒集团·山西经济出版社
地　　址：太原市建设南路21号
邮　　编：030012
电　　话：0351-4922133（市场部）
　　　　　0351-4922085（总编室）
E-m a i l：scb@sxjjcb.com（市场部）
　　　　　zbs@sxjjcb.com（总编室）

经 销 者：山西出版传媒集团·山西经济出版社
承 印 者：山西出版传媒集团·山西人民印刷有限责任公司

开　　本：880mm×1230mm　1/32
印　　张：9.875
字　　数：197千字
版　　次：2024年7月　第1版
印　　次：2024年7月　第1次印刷
书　　号：ISBN 978-7-5577-1242-6
定　　价：78.00元

就这样，我闯进了文化创意产业

一个人，总有回首的时候，总要回首。30多年持续做一件事，恍惚间，我已年逾七旬。命运就是这样，跟我絮絮叨叨地拉着家常，开着玩笑，转眼就将我的青春和狂悖一起收走了。记得我曾这样写过青藏高原的西部之神：

我以男子日神睿智的思之光/大河惊涛般的狂放，/
浩荡于天地之间
思缕的长风淋漓于/生之蜿蜒/然后，这一段历史，/
便站起来/昂扬如旗/威猛如山，/大气
磅礴于永无涯际的/
时空之域……

我是怀着西部豪迈的诗情踏入学术领域的，进而闯进文化创意产业的天地之间。

一

30多年来，我对文化产业、文化经济、创意产业、创意经济的各个相关领域，进行了一些理论总结、规律研判、实地考察、案例研究，以及趋势前瞻，而我研究的基本思路则是"顶天立地"。所谓顶天，是说文化创意产业必须要有坚实的理论基础，特别是理论创新，有全球和全国的大局观；所谓立地，就是要以强烈的问题意识为导引，实实在在地解决文创发展和演进中的新问题、新困境。通常看来，文化创意产业是个中观的操作型的产业，往往忽视了它是在5G新信息革命背景下，以移动互联网、大数据、人工智能、云计算、物联网、区块链、大视频为手段，以文化、艺术、美学、哲学，乃至金融、经济、政治、社会和生态为内容的未来社会的主导性力量和革命性变革的跨越边界的大重组、大联合。

在我国文化创意产业的发展中，我一直特别关注文化创意产业的高层次理论突破、创新理念的认知革命、顶层设计的全面擘画、全球和全国文创的大局观；同时，关注事件哲学指导下的场景研究和案例研究。我主张必须两向发力：一方面是更高的理论的、逻辑的和价值的战略发展；另一方面就是眼睛向下，面向实际、面向现实中的具体问题，以问题引导产业发展的大局，而不是玩理念的空手道与时间的模仿秀。

在文化创意产业发展中，我特别关注它的两个重要特点。那就是建立在事件哲学基础上的语境化案例与场景化实现。人在历史与社会中的存在，即是"事件"。事件立足于个人生存（生命、生活、交往、劳作、体验）的现实。人的文化活动构成了他的文化事件。每一个文化现象都是一个事件，每一个研究也是一个事件，这种研究是研究者与事件之间双向交互寻找意义的过程。文化创意产业是高度语境化的，即它一定是在现实社会与市场运营之中的，因此，高头讲章与因循守旧，雷同转发与夸夸其谈，都是要不得的。

　　场景是文创产品的第一要素。什么是场景？早在20世纪80年代，传播学者梅罗维茨就从社会学家戈夫曼的"拟剧理论"中获得研究灵感，提出了"场景"（situation）概念，以此出发研究"媒介场景"对人的行为及心理影响。随着移动互联网时代的到来，"场景"被认为是移动媒体时代的又一核心要素。全球科技领域资深记者罗伯特·斯考伯最先提出了有别于传统媒体时代的"场景概念"，其在《即将到来的场景（context）时代：移动、传感、数据和未来隐私》大胆而犀利地预言："在未来25年，场景时代即将到来。"书中指出，移动设备、社交媒体、大数据、传感器和定位系统是移动互联网的"场景五力"。他认为的内容场景将是每个个体在新语境下获得的前所未有的在场感。但我更关注芝加哥大学的特里·克拉克教授提出的城市研究的新范式——场景理论（The Theory of Scenes），这些年似乎更有影响。创意的空间环境中还必须有创意氛围（creative milieu）。英国创意城市经济的著名专家查尔斯·兰德利解释说：创意氛围是一种空间的概念，指的是建筑群、城市的某处，甚至整座城市或区域。像巴黎，像左岸，也像今日北京，像北岸1292……它涵盖了必要的先决条件，足以激发源源不断的创意点子与发明的一切"软""硬"件设施。这类环境是实质的，源于一个城市"有效地在城市的'基因码'中深植创意，并获得显而易见的成功"。兰德利的创意氛围是包含软硬基因码和创意的城市场景。

这样看来，国内所谓的"场景"，其实是三个不同英文单词——situation、context、scenes 的同一汉语翻译。显然，其含义是有差别的。我认为的场景，是当代移动互联网高度发达，在视听觉文化全面建构消费者的消费习惯、消费结构，乃至消费模式的背景下，具有可视、可听、可感的虚拟的空间和环境，人人可享有的线上的视像、语像，并将线上的个体与个体，线上与线下的现实平台相互连接为一体的形态。它对于文化创意产业的发展意义重大。在当下这个视听觉文化发达的移动网络文化时代，没有场景就没有舞台，没有场景就没有故事（内容）可以表达，园区、景点、旅游线路、抖音、快手、视频、VR、AR、MR、3D 影像、AI 的展示，无不在场景中运行。当然，更重要的是，没有场景就没有人，没有人也就丧失了其内涵，失去了人之魂。

案例对于文创企业与园区实践，对于文创教学都有着更清晰直观的效果。2013 年我将教学中的文创理论和案例研究编成《娱乐时代——当代中国文化百态》出版，以满足教学的需要。但案例绝不能代替每一个文创项目的创造独特性。原样照搬，必然会走向失败。

事件、场景和案例，三者构成了文创的充分必要条件。

二

常常有人问我："你是怎么进入文化产业—创意产业领域的？"

20世纪80年代，我和许多青年朋友一样，在一个改革开放的大环境中，睁眼看世界。我们面对全世界100多年以来上百种哲学、美学、文艺理论的各种学派、各种观念，急切地选择、引进、翻译、学习，我有幸加入了这一澎湃的大潮之中。在1984年那个"方法论年"的浪涛中，我投入德国法兰克福学派和接受美学、接受理论的译介和学习之中。作为批判理论始作俑者的法兰克福学派，对当代中国青年人文学者产生了重要影响。最初，可以说，我们都是批判学者。

我们一批青年学者因为先前研究美学与文艺理论的变革与转型，以及后现代文化的发展，所以特别关注全球文化研究的蜂起。世纪之交，全球发生了文化转向的重大变革。我们发现阿多诺、霍克海默等的法兰克福批判理论，是站在贵族精英主义的立场上，俯视甚至蔑视大众文化、通俗文化、流行文化。他们虽然多次提到"文化工业"，却仅仅是从意识形态角度批判，从否定的角度忽视了当代文化经济化、经济文化化和文化经济一体化的具体现实，割断了当前世界文化与经济的密切联系。

文化转向理论的提出首先是从全球实践的角度开始的。随着中国日益开放，打开封闭国门融入世界，我们开始从新的全球视野考虑中国问题。从世界来看，21世纪的文学、美学与哲学发生了重大的文化转向,这种变化源于当代社会生活的转型。全球化背景随着进一步的开放日益进入我们生活的中心。电子媒介的兴起向一统天下的纸媒发出强劲的挑战。媒介文化深刻地改变和影响着我们的生活。大众文化走向前台,城市文化快速传播与蔓延,时尚文化被大批量复制,采用了浪潮式的运作方式。视觉图像文化占据人们生活的主要空间,在这样一个文化突变的时代里,视觉文化、网络文化正在逐步改变着世界的交往方式。

在对西方文化转向的考察中,我们着重考察了英国伯明翰文化研究学派和欧美文化研究与文化诗学(文化唯物主义)学派,开始大力推动中国文化研究的发展。20世纪90年代初我主编了《六洲歌头:当代文化批评丛书》《人海诗韵·艺术文化散文丛书》。1998年我和陶东风、史建一起发起做《文化研究》丛刊,我们找到一篇文章,是谈法兰克福学派的衰落的,作者是金迈克。他对法兰克福的文化工业论很不感冒,认为在英国文化研究基础上成长起来的创意产业,已经与法兰克福分道扬镳了。他批评了法兰克福学派的精英主义和意识形态观念,听到了"法兰克福的哀鸣"。《文化研究》丛刊至今已经出版到40多辑了。

随着文化研究的深入,单纯的文化研究已经不能适应新的历史时期各国发展的需要。从文化研究走向文化产业、从传统模式走向创意产业,创意经济就成为发展的必然趋势。看到世界和中国的发展需要,1994年,我进入了具体的文化产业研究之中,撰写了《当代文化矛盾与中西交流论纲》,对当代经济的文化化与文化的经济化的新潮流进行了探索。其后，我参加了《中国文化报》举办的国内第一个文化产业的征文活动，写下的文章《在悖论中开辟文化产业的发展之路》，获得了这次征文唯一的一等奖。1995年，我在《社会科学战线》发表的《文化市场与文化产业的当代发展》一文，较为系统地探讨了我国文化市场与文化产业发展的主要矛盾、解决路径和发展方向。这在全球是站在潮头的。1995年，澳大利亚政府提出了创意澳大利亚的理念，1997年，英国工党政府上台，提出了"创意英国"的理念和国策。美国、欧洲的学者开始了创意经济、文化经济（学）的研究。中国的文化产业便汇入了世界文化创意产业发展的大潮之中。2001年，我主持出版了我国文化创意与文化发展的第一本蓝皮书、国家哲学社会科学"九五"重点项目结项成果：《跨越世纪的文化变革——中国当代文化发展研究报告》，受到中央政治局的关注。这是中国文化产业、创意产业的"历史性出场"。

其实，从文学理论转向文化研究，再从文化研究转到文化产业、创意产业，既是当代社会历史发展的必然，又是一个当代学者顺应全球和中国发展大势的选择。我曾与英国伯明翰学派的第三代学者哈特里有过深入的对话，他就是典型地从文学理论研究到文化研究再到文化产业（创意产业）研究的学术代表，我的学术道路与他十分相似，学术理念也与他相似，即听从时代发展的召唤，站在理论与实践的最前沿。

三

文化创意产业的理论探索与概念辨析、文化产业结构的变化、马克思主义文化生产力是我一直关注的核心。全球创意产业、创意经济的理论成果和实践案例的引进，中国特色文化创意产业理论和实践的创新与发展，从文化创意产业的教学与人才培养到文化产业学、创意产业学、文化经济学、创意经济学、文化政策学、文化管理学、艺术管理学等学科体系的发展、改革与构建，以及课程设置，是我30多年来一以贯之的研究重点。

2001年，我主编的《跨越世纪的文化变革——中国当代文化发展研究报告》，全面论述了世纪之交我国文化发展与文化产业勃兴的历史性变革。后来我进一步关注公园城市、夜间都市、艺术城市等相关论题，并深入各个城市，从事设计、规划、策划、指导和实操等方面的实践。关注产业基地、创意园区、集聚区、数字化网络线上线下一体化发展平台，注重案例研究，注重事件发掘与营销，注重场景设计与核心理念提升。

2004年，我编纂了《文化研究：理论与实践》；2005年，我主编了中国第一套文化产业丛书《当代文化产业论丛》，含《文化巨无霸——当代美国文化产业研究》等5种著作。同年，我与陶东风先生一起主编并出版的英文著作《文化研究在中国》（*Cultural Studies in China*），成为国外了解中国文化研究的开窗之作。

作为国内最早推动和提出创意产业的学者之一，我提出创意产业是文化产业发展到新的更高阶段的产物，具有产业提升的必然性。由此也受到一些人的质疑。我始终坚持认为，这一论断是合乎我国文化产业发展实践的。后来的现实证明，创意产业的理念得到了国内各界广泛的认可。2005 年，我接受北京市委宣传部的委托，主持"北京市文化创意产业发展研究"，为北京市文化创意产业的发展出谋划策。

我认为，一国文化创意产业的发展程度与该国文化创意的理论建设和理念创新的程度成正比。没有先进的理论，没有富于创新创意的理念支撑，就不可能有一国文化创意产业和创意经济的高度发展。所以，我们必须高度重视文化创意产业的理论创新，并不断保持国际先进水平。唯此，才能始终站在世界文创的前沿。我于2010年和2012年分别出版了《文化创意产业概论》和《动漫创意产业概论》两部国家规划教材。为了更好地让青年研究者增强文化使命感与对文化的理解，我撰写了《文化复兴——传统文化的现代价值》一书，讲述了当下青年学生需要了解的中国传统文化的内涵。

文化创意产业中，高科技与文化的高度融合和跨界创新是高质量发展的必由之路。这是文化创意产业发展到新阶段的重要主题和发展方向，对此我给予了高度关注与深入研讨，并产生了一系列理论与实践成果。如何将深厚的文化内涵植入创新型国家战略之中？我认为文化的科技化、科技的文化化，文化与科技的协同发展，是文化创意创业发展的必由之路。我提出，北京文化创意产业必须推动文化与科技双轮驱动的发展战略。

2006年，我主持了北京市科学技术委员会的软科学研究项目"北京文化创意产业的评估与测度及地区比较"，在国内率先研究文化创意产业的分类、评估、测度和指数，提出了建设更为合理的评估指数体系的许多新的考虑。我认为北京的文化产业必须走文化—创意的路径，必须瞄准国际最高发展水平，在高科技数字化基础上实现产业的升级，必须高端起步，数字融合，才能成为北京经济发展的强大引擎。

2010年，我编写的《文化创意产业概论》成为高校迄今仍广泛使用的教材。2011年，作为教育部、文化部高等学校动漫类教材建设专家委员会副主任，我接受了动漫文化创意产业教材编写的任务。其后，我主编的我国第一部大学教材《动漫创意产业概论》出版。

四

城市发展，确切地说是中国的城市化，是我关注文化创意产业的重要主题。

我曾主持国家哲学社会科学"十一五"重大项目"我国中心城市文化创意产业发展与软实力竞争"，关注和研究世界城市、全球城市、创意城市、网络城市，团队成员全心致力于该课题的研究，最后以10部350余万字的系列研究报告圆满结项。我们的研究针对我国文化创意产业发展的现实问题，理论上高瞻远瞩，实践上又从现实的问题出发，因而能够对现实发挥指导作用。这些研究得到了国家领导人、各级政府、业内专家、研究人员和企业家的赞赏和吸纳。

我和我的团队多年来一直关注北京文化创意产业的发展。作为对北京建设全国文化中心的论题长期执着热切的关注者，我们自2010年以来，曾一直参加北京相关论题的研究。2010年，我们完成了"北京建设全国文化中心"的重点项目，并出版《文化北京——北京建设国家文化中心研究丛书》，含《新视野　新征程——北京建设国家文化中心研究总报告》《建造世界精品殿堂——北京建设全国文化精品创作中心研究》《搭建要素配置的最优平台——北京建设文化要素配置中心研究》《跨进全球信息传播时代——北京建设文化信息传播中心研究》《走向世界创意高地——北京建设全国文化创意培育中心》《构筑全球人才高地——北京建设文化人才集聚教育中心》《握手环球文明——北京建设国际文化交流展示中心研究》等7种论著。我们团队20年来一直积极参加北京文化发展、人文奥运、文化创意、文化科技、文化消费、公共文化服务等各项研究，可以说，我们团队是助力北京文化发展的一支攻坚队。

2010年，我主编了第一部北京关于世界城市的大型理论与实践及文献的专著《北京：走向世界城市——北京建设世界城市发展战略研究》，近70万字，为北京建设中国特色的世界城市，提供了丰富的资料、宽广的国际视野和崭新的思路。后来上海、深圳、广州、成都曾先后就这一主题邀请我作为这些城市建设世界城市和发展创意经济的顾问。

多年来,我一直关注各个省(区、市)文化创意产业的发展。云南是我魂魄牵绕之地。2003年,我接受了云南省委副书记丹增同志的邀请,担任云南省文化产业的高级顾问,为云南文化产业发展出谋划策。在调研的基础上,我率先提出,云南的文化旅游产业要在文化云南基础上向创意云南、数字云南、内容云南开发。我在丽江提出了关注旅游线路设计、加强云南本土创意、注重厕所建设等意见。我提出,云南,特别是丽江的文化旅游产业是我国文化产业,特别是西部文化产业发展的一面高扬的旗帜,值得全国相关地区借鉴。

2010年,我主持了"贵州省'十二五'文化产业发展规划",带领课题组历时3个月,行程7000多千米,跑遍9个地州市。3个多月时间里,我们与有关领导和课题组成员一道,深入基层调查研究,广泛搜集国内外各种资料、各种理论主张、各国经典案例,进行条分缕析,创新融会。终于在2011年完成规划并出版了48万字的《贵州文化产业发展战略研究报告》。

2021年,我的《月印万川——寻找城市文化之魂》一书出版发行。这是我散见的一些论文的结集。佛教华严宗用"月印万川"和"海印三昧""事事无碍"来表达其宗教主体理念,于是"月印万川"就成了华严哲学的经典命题。《华严经》气势宏大、富赡高远、逻辑缜密，被认为是最能代表盛唐气象的哲学，并给其后的宋明理学以深刻的影响。

朱熹借用了佛教"月印万川"的譬喻来讲"理一分殊"的道理。他说："释氏云：'一月普现一切水，一切水月一月摄'。这是那释氏也窥见得这些道理。"（《朱子语类》卷十八）把"一理"比作天上的月亮，而把存在于万物之中的"万理"比作一切水中千千万万个月影，以此形象地说明"理"与万物的关系：理是唯一的，这唯一的理又体现在万物之中，是万物的本质；而万物并不是分割"此一个理"，却是分别地体现完整的一个理。"月印万川"本是佛教中的命题，"一月普现一切水，一切水月一月摄"，具体说是唯一的月映现在一切水中，一切水中映现的月都包括在唯一真正的月中。那个月就是"一理"。

月映万川，心珠独朗。过去时代，我们很多研究者和官员开口闭口就是对过去遗产的"如数家珍"，沉迷于"资源魔咒"而不能自拔。但是一个城市无论有多少历史的、现实的圣典史迹，无论有多少自然的、社会的山水资源，总是千流一源、万法归宗、理一分殊、一以贯之。我们需要去寻找城市的文脉，那个城市唯一的"魂"。

五

国际合作是文化创意产业发展的重要内容和必要途径。

这些年来，我们非常重视与国际机构、国际学者的合作。与联合国教科文组织、联合国贸易和发展会议、全球创意城市网络等国际组织，与英国、美国、加拿大、澳大利亚及欧盟各国，与日本、韩国及东南亚各国的机构及学者进行了广泛的对话与合作。在对话、沟通、交流、交往中，努力构建文化创意产业的理论与实践的公共平台，构建创意经济的发展共同体。交流世界对中国的影响，同时构建中国特色的文化创意产业发展体系，影响世界的创意、创新、创造的最新发展。我与各国众多专家建立了良好的关系，留下了几十篇访谈与对话。我乐此不疲，欣然为之，因为我把它看成文明互鉴，构建人类文明共同体的必由之路。

2005年，中国人民大学与中国社会科学院、澳大利亚昆士兰科技大学同仁一道，共同发起首届中国创意产业国际高峰论坛。作为大会主席之一，我在大会上发表了中国创意产业发展的主旨报告，强调了中国建设一个创新型国家的伟大战略，并将文化创意产业作为这一战略的重要组成部分的新的发展理念，这引起了中外学者对中国创意产业的广泛关注。

创意产业与创意经济，从一开始就是全球化发展的产物。因此，参与国际文化创意产业与创意经济的发展研究，是我和我的团队一直关注的领域。2008年，我与周蔚华共同主编国内第一套《文化创意产业译丛》，其中包含《文化产业》《知本营销》《美国的知识生产与分配》《艺术文化经济学》等7种译著。对打开我国学者文化产业、文化经济、创意产业、创意经济的国际视野，推动国内外比较研究，进而推动中国特色的文化创意产业的理念与实践，发挥了重要作用。2014年我主编了《中国对外文化贸易报告2014》，对我国对外文化贸易的现状、问题、困境，做了深入调研，并提出了进一步发展的解决方式。

将奥林匹克运动与文化创意产业相结合，推动奥林匹克运动全面融入中国社会和中国市场，是我和我的朋友们着意开拓的新领域。2006年，我提出、创办并主持了国内第一个奥运文化创意产业大型国际论坛"创造的多样性：奥林匹克精神与东方文化"。在论坛上发表了《抓住奥运契机推动文化创意产业九大发展》的报告，论坛首次邀请"英国创意产业之父"约翰·霍金斯来到北京，莅临论坛做主旨发言。我提出"世界给我十六天，我还世界五千年"，将体育运动与中国的文化、哲学、艺术、传统、创意、设计、会展、节庆、公共服务、园区建设、绿色革命、生态保护、全民健身，以及产业运营、经济发展融为一体，为北京市提出奥运文化创意产业作为北京创新型城市发展的引擎的战略规划建议，在跨界运行和边界作业中，创造出崭新的文、创、艺、体、旅一体化的新形态。在八年的时间里，我们曾在国内外举办和参与近百场人文奥运论坛，并赴美国、英国、芬兰、加拿大、韩国、日本及瑞士国际奥林匹克委员会，传播北京人文奥运和绿色奥运的中国理念和实践，将奥林匹克的精神与中国传统文化联系起来，将奥林匹克的生命哲学、青年倡议变为中国"生活美学"的大众体育与健身的伟大实践，产生了持久而广泛的影响。这一阶段我主持了北京市哲学社会科学规划重点项目"奥林匹克运动与北京文化创意产业"，排除了国内外各种不同意见，根据中国特别是北京发展的现实，第一次将国际奥林匹克精神与中国"和合"文化结合起来；第一次将顾拜旦的奥运理念与孔子儒家文化结合起来；第一次将奥运与文化创意产业结合到一起。为了进一步从理论和实践上探索 21 世纪的奥林匹克精神新发展，我主持出版了《创意产业：奥运经济与城市发展》和《北京人文奥运研究报告 2006》两套丛书，创造性地阐述了奥运、体育运动与文化创意产业的关系。这在当代国际奥林匹克文化中是具有开拓性的。根据北京奥运文化的实践需要，我主持并参与了《奥林匹克文化大学教程》《北京奥运会市民读本》《北京奥运会大学生读本》等，在 2008 北京奥运会的运行中，这些课本发挥了重要作用。

2016 年，我主持翻译了英国学者露丝·陶斯所著的《文化经济学教程》和《文化研究的未来》，以及 *Cultural Studies in China*；在英国伦敦出版的 *Cultural Rejuvenation：The Modern Value of Traditional Culture* 等。这些著作以及一些英文论文，对加强中外文化发展和创意产业交流都具有重要的意义。

随着我国文化市场与文化经济的发展，文化创意产业的最新发展状况与一系列相关伦理问题凸显出来，产业发展中乱象频出，必须进行深入研究。2014 年，我申请了国家哲学社会科学重大项目"文化产业伦理"。在文化产业边界不断拓展、业态不断催生的整体背景下，我国文化产业也面临着产业秩序调整与规范、产业伦理重构与形成等问题。我国文化企业在文化产业运营中出现企业社会责任缺失与大量失信问题，如互联网诈骗、虚假广告宣传、不实承诺、新型电子诈骗、电子商务购物诈骗、公民个人信息大量泄露等；传统媒体与新媒体的媒介伦理问题，如媒介人丧失职业操守、新闻传播突破道德底线与窃听手段、网络新媒体上传播谣言、网络信息安全无保障、网络"黑客"、青少年网络游戏沉迷与网瘾、网络"人肉搜索"与频繁而众多的侵犯隐私权等问题；知识产权保护中的问题，如盗版泛滥，过度娱乐化，文化产品内容的极端商业化与劣质化、"三俗"化；产业发展中出现的"涉黄赌毒"问题，以及各路明星偶像的"负能量"对青少年的影响等。这一系列问题被现实抛到我们面前，要求我们认真地回答，提出改正的建议。2020年，该课题完成结项。研究成果见于我主编的"中国文化创意产业发展研究丛书"。丛书含《数字和创意的融会：文化产业的前沿突进与高质量发展》《拓展业态的边界：文化产业的转型升级与跨界融合》《重建秩序的场景：文化产业发展的伦理建构与隐私保护》三部，由工人出版社出版。

很多年前写过一篇评论诗人昌耀的文章，开首一段是这样写的，

多少年来，人在旅途，匆匆，我常侧目于这座诗魂的雕塑，继而长久地驻足——

······用我多汁的注目礼/向着你深湖似的眼窝

倾泻,

直要漫过/岁月久远之后/斜阳的

美丽······

衷心感谢冯威、意娜、王林生、柴冬冬、张力、桑子文等学友,感谢你们为本文集付出的辛劳,衷心感谢山西经济出版社社长张宝东和全体编辑。没有你们的精心工作,没有你们的高度负责,就不可能有这套文集的出版。诚挚地向你们致以崇高的敬意。

再次说一声,谢谢了。

2023年6月28日 于北京海淀三灯阁

目 录

CONTENTS

三编　世界城市建设案例

绪　言

现代世界的发展历史，从某种角度而言，就是世界城市的发展史。今天发达国家大力开展对世界城市研究的背后，是全球化发展到一定阶段，世界经济向何处去，世界城市如何继续发展的深刻命题，也在某种程度上预示着一门综合性的新学科"世界城市学"的出现。

世界经济在20世纪后期发生了深刻的变化，代表现象之一是制造业经济开始向生产性服务业经济（金融、会计和管理）转变。萨斯基亚·萨森博士提出"全球城市"代替"世界城市"，是对20世纪60年代以来到21世纪初，世界上出现的经济转型和纽约、伦敦、东京这些全球城市所扮演的战略角色进行了基于统计数字的量化分析的结果：上述城市在后布雷顿森林经济体系的形成过程中发挥着巨大作用。这些城市越来越成为后工业时代的"生产地点"，特征是它们在全球一体化的进程中越来越多地发挥着指挥和控制的作用。集聚经济使这些全球城市变成受益者，因而更进一步推动了美国、英国和日本等国全球城市的发展。

无疑，21世纪是城市的世纪，是城市大竞争的世纪，是国际化大都市特别是世界城市之间大竞争的世纪，是世界城市作为全球经济社会中心并日益成为文化中心的大竞争的世纪。早在20世纪末，诺贝尔经济学奖获得者约瑟夫·斯蒂格利茨（Joseph E. Stiglitz）曾预言，21世纪全球有两大经济发展动能，美国的新经济、高科技和中国的城市化。他的预言被世界的发展现状所证实。美国的新经济、高科技以前所未有的势能席卷全球，极大地影响了世界发展的方向，而中国的城市化则在与高科技融合的新经济中显示了强大的生命力。2001年，联合国人居项目《全球化世界中的城市——全球人类住区报告2001》指出：到2030年，世界城市人口将由2001年的30亿人增长到接近50亿人，城市人口比例将由48%增加到60%以上。其中，发展中国家的城市化速度快于发达国家，经济最不发达国家城市化的速度最快，包括一些新兴国家在内的一批城市正快步走向国际化都市，并产生了广泛的影响。几十年过去了，这一预言在中国已经实现，有60%的人口实现了城市化。

世界城市是全球经济社会文化活动的制高点，建设世界城市是当今世界共同关注的重大主题。城市，特别是世界城市，在全球的经济发展中扮演着日益重要的角色。一个城市富可敌国，已不是什么骇人听闻的故事，而是当代全球经济发展的现实。全球化改变了世界原有的格局，以冷战为主的方式转变为以新的金融发展、科技创新、文化创意为主的竞争方式。同时，世界城市的发展方向又由单一的经济方式转向更加关注社会和谐和文化品格建立的新的经济发展模式。

　　值得注意的是，迄今为止的高科技发展与全球化对于城市的影响未必都是正面的。比如，萨森博士的专著告诉人们全球化过程中城市发展的危险之一，是大量跨国公司雇员的涌入使城市变成了他们的"殖民地"，并造成了城市中越来越大的贫富差距。从本书引述的资料和发达国家纷纷研究世界城市这一命题的事实中不难看出，金融危机的爆发使以跨国公司为代表的全球化运营的世界经济秩序和生产性服务业受到了巨大冲击。而中国经济的快速增长，也在取得了举世瞩目的发展成就的同时，积累下一些现实性和结构性的矛盾。

　　从本质上讲，世界城市本身是一个动态概念，与其说世界城市是中国一线城市发展的战略目标，不如说世界城市是中国城市创新性发展正在达到的历史高度。以互联网、人工智能、大数据、云计算、区块链技术为代表的知识和信息经济爆炸，生产性服务经济的快速扩张，信贷危机的发生和资产泡沫的破裂，多极世界政治经济格局的形成和不同国家的不同发展路径，无疑给世界经济发展模式和世界城市的角色和作用提出了新的课题，也展示了中国生态友好、人文深厚的新发展观对于特大型城市的发展方向的新开拓、新创造。

　　发达国家对于世界城市的研究，是在自觉或不自觉地对20世纪后期开始到现在的经济转型和城市发展历程进行剖析，以世界城市的形成和作用为出发点，为世界政治和经济未来的发展做理论准备。历史上，世界任何一个城市都有其兴衰存亡的际遇。

中国一线城市提出建设世界城市，正是适应我国自身内在发展需要的选择。作为一个发展中国家，我们底子薄、环境差、基础弱，面对激烈的全球竞争，随时都有被国际强队挤出"赛道"的危险。作为后来者，我们只有付出更多的努力、更多的心智，选择更优的发展道路，才能实现跨越式的发展。因此，选择建设世界城市，就是要在复杂的全球竞争形势下，借鉴全球世界城市建设的国际经验，寻找和创造最佳的应对战略和策略。

因此，对中国而言，研究世界城市，绝不是停留在效法和追赶世界先进城市的层次上。恰恰相反，吸取发达国家世界城市发展历程中的教训显得尤为重要。把握互联网背景下现代经济和科技发展动态，将高科技与新文化作为城市新的发展起点，建立创新型的世界城市，才是中国提出建设世界城市的真正意义所在。我们今天研究世界城市、全球城市就是要从建设世界城市的历史的和现实的高度，研究和制定中国城市具有自身特色的发展战略，这就是创新的、协调的、绿色的、开放的和共享的新型世界城市，是以五千年深厚文化为底蕴的人文的、富于历史感和现实感的自由、民主、富强、法治、美丽的中国式世界城市。

建设世界城市，是一个崭新的课题。应该看到，这一课题是一个涉及城市学、经济学、金融学、政治学、国际关系学、信息学、环境学、人口学、社会学、管理学、哲学、文化学、艺术学以及创意产业等诸多新兴学科的庞大的跨学科、跨领域研究课题。这一研究需要动员各个学科、各个领域的专家、学者和实际工作者、管理者、规划专家、设计专家，共同研究，经过广泛讨论，选择最佳方略，集中最高智慧，去实现我们的宏伟目标。

研究世界城市，探究"世界城市学"，不仅是一个理论研究的课题、学说，更重要的，它是我国一线城市、新一线城市和300多个地级城市都必须关注的实践主题。今日城市的规划、框架、建筑、格局、文脉、风格、品牌将影响未来城市200年。如此重大的历史责任，我们切不可等闲视之。

本书主要分为三编：一编为第一、二、三章，从理论上探讨世界城市、全球城市的基本理论，是对理论史的追索。二编为第四、五、六章，主要是研究世界城市、全球城市的判定指标、营销指数和新指数体系的设计，这是本书的重点。三编为第七、八、九、十章，是世界城市建设的案例。囿于篇幅，国内回顾性地选择了北京和上海，对其他城市的研究将收在另一文集中。笔者在研究北京和上海建设世界城市方面有许多著作和文章，比如《北京：走向世界城市——北京建设世界城市发展战略研究》以近70万字的篇幅，对北京建设世界城市进行了全景式的扫描，还主编了7卷本《北京建设文化中心改革创新研究丛书》，发表了140余万字，讨论了北京建设中国、世界文化中心的理论和实践的论题。尽管今天发展的主题有了一些变化，但北京走向世界的历史脚步是不变的。笔者参加了历年上海世界城市的全球论坛，并发表了多篇论文。本书选择了中国2010年上海世界博览会这一历史性转折的节点，来探讨上海走向世界城市的关键历程和对中国及世界的巨大影响。关于上海建设世界城市的新发展，本书简略地描述了上海社会科学院接续 GaWC（全球化与世界城市研究网络）的研究，将16年来世界和中国建设全球城市的新发展做了排序和进一步的研讨，这些对我们今天的世界城市建设也是极为有益的。

　　笔者坚持历史与逻辑相统一的原则，将案例、逻辑构建为一本完整的理论性著作。但本书的大量文字是在过去十多年间完成的，收入本集时并未做修改，保留了文本的历史原貌。为了使之贯通，只在少数地方做了添加或修改，也祈请读者谅解。

第一编

世界城市、全球城市的基本理论

第一章　城市理论的源起、发展与现状

早在数千年以前，在埃及的尼罗河流域和美索不达米亚平原上的两河流域就已经出现了人类历史上的第一批城市。之后在印度河流域、黄河流域、中美洲等地也先后诞生了城市。那何为"城市"呢？由于社会文化的特殊性，中国的城市概念与西方国家的城市概念是有所区别的。

中国的"城市"是一个复合词。《公羊传·定公十二年》中将"城"定义为："五板而堵，五堵而雉，百雉而城。"可见，在中国古代，"城"其实是都邑四周的防护墙。《说文解字》（以下简称《说文》）中指出："城，所以盛民也。"《墨子·七患》中提到："城者，所以自守也。"所以，"城"作为一种永久性防御设施，自然成为民众大规模聚居之地，也正是因为"城"所具有的稳固性和安全性，使其成为军政当权者所必选，他们在城内要建设宫殿、衙署、宗庙、祭坛及其他设施，使"城"成为一个政治中心。"市"，即集市。《说文》："市，买卖之所也。"《尔雅·释言》中也有"买、卖，市也"的说法。起初，"市"通常在人们住所附近的饮水井旁，故有"市井"之说；后来，由于商品经济的发展，商品交换成为人们生活中的一部分，"市"便逐渐迁移到了人口较为集中，且有购买能力的奴隶主和贵族所居住的"城"中，"市"也就逐渐在"城"里扎了根。"城"代表了政治、军事力量，"市"代表经济力量，两者的有机结合，使"城市"逐渐占据了整个社会经济中的主导地位。

在英文中，"城市"对应的单词是"city"，在《牛津现代高级英汉双解词典》中，"city"指"a large and densely populated urban area"；"The city"专指："the oldest part of London，now the commercial and financial center"。可见，在西方，"城市"主要就是人群及商业的聚集地。摩享佐·达罗是到目前为止，考古学家发掘的世界上最早、规模最大的城市遗址之一。"红色的城墙内，商旅云集，烧砖制陶的火窑青烟袅袅，椰树遮天蔽日，印度和尚舟楫如鲫"，城市在产生初期已具有了浓厚的商业气息。当然，"城市"在逐渐发展成熟的过程中也必须得到一些政治制度的支持。在《朗文高阶英语词典》中，"city"除了上述两个义项外，另一个义项是"a town of any size that has definite borders and powers that were officially given by the state government"。美国的《现代社会学词典》中对"城市"的定义是："人口密集，居住在一个较小的地区，从事非农职业的人们。一个城市人口的活动是专业化的，而且在功能上是互相关联的，并由一个正式的政治体系所管制。"

由此看来，在西方，"城市"的首要职能是为商业活动服务的，国家行政措施为经济活动保驾护航。在中国，"政治因素在城市发展中一直占主导地位"[1]，所以中国从来没有出现像西欧那样的自治市。在中西不同的历史文化体系中，"城市"由小到大逐步发展起来，那当"城市"在社会生活中占据何种地位时，何种规模的"城市"才能引起理论家的重视呢？这需要我们对"城市化"这一概念稍做梳理。

一、工业化与城市化进程呼唤"城市学"

（一）工业化与城市化的关系

只有通过"城市化"这一必不可少的发展过程，城市才能形成一定规模，也才能在社会政治、经济中发挥独有的作用，那么城市化起点从何时算起呢？理论界有三种不同的解释：

一是城市化历史与城市的历史一样悠久，都起源于城乡分离，即城市的产生。英国经济学家约翰·巴顿指出："在公元前6000年就已经开始城市化。"二是城市化是人类经济社会发展到一定阶段——工业化阶段的一种经济社会现象，城市化发源于工业化，是工业化的必然产物，城市化的历史不等于城市发展史，城市化的历史是从18世纪开始的，而绝不是9000年前的古代城市。三是大工业本身同城市化没有必然的联系，平衡分布是现代工业生产的重要客观规律。工业化导致城市化是资本主义社会的特有规律。[2]

---

[1] 牛凤瑞：《城市学概论》，中国社会科学出版社，2008，第387页。
[2] 李其荣：《对立与统一——城市发展历史逻辑新论》，东南大学出版社，2001，第109页。

　　我们承认人类社会的城市化是一个漫长的过程，似乎应该与城市的发展史同步。但城市化不仅是一个量变的过程，更应该是一个质变的过程，城市以此为转折点，从此步入了新的历史时期。理论界一般将城市发展的历史过程分为古代城市、近代城市和现代城市。古代城市的时代背景是奴隶社会和封建社会。在西方，一般指18世纪工业革命以前的历史阶段；在中国，一般以1840年鸦片战争为界，之前都属于古代城市。这一阶段的城市规模较小，人口较少，城市的发展主要依赖于农业生产技术的发展，城市的产业结构、人口规模等并没有形成一个质的飞跃。只有到了近代城市阶段，即工业革命至20世纪50年代这一阶段，在工业化进程的有力推动下，"社会的经济发展开始了农业活动的比重逐步下降，非农业活动的比重逐步上升的过程，出现农村人口的比重逐渐下降，农村人口向城市人口转移，城市人口比重上升的过程。城市逐渐成为政治、经济、文化和社会生活的中心。"①所以，我们认为工业化推动城市化的发展，是城市化的前提和动力。《新帕尔格雷夫经济学大辞典》中将工业化定义为：首先是国民经济中制造业和第二产业所占比例的提高，其次是制造业和第二产业的就业人口的比例有增加的趋势。另外，还包括人均收入的增加，生产方法、新产品式样的不断变化，城市化提

---

①潘允康：《城市社会学新论：城市人与区位的结合与互动》，天津社会科学院出版社，2004，第6页。

高、资本形成、消费等开支所占比例的发展变化。[1]

工业革命促使机器大工业的生产方式代替了工场手工业，这种生产方式要求增加雇佣工人，使大量剩余劳动力涌入城市，城市人口急剧膨胀。另外，工业革命极大地提高了生产力，加快了资本积累，进而带动能源、交通等城市基础设施的发展与改善，同时又使得属于第三产业的公共服务、文教科研、医疗卫生、司法行政等部门都植根于城市，在一定程度上吸引了大量人口向城市转移。所以在以工业革命为主力的近代城市发展过程中，城市化应该包括如下几个特征：一是城市化是一个动态的不断发展的过程；二是城市化是社会生产力发展的结果，是人类从农业文明走向工业文明的过程；三是城市人口不断增加，城市规模不断扩大，数量不断增加。

工业化促进了城市化进程，同时城市发展到一定规模后又反向促进了工业化进程。城市化水平的提高，使越来越多的人口集中于大城市，细化了城市内部分工，有助于提高社会生产率。马克思认为："人口数量和人口密度是社会内部分工的物质前提。"[2]同时，大量人口集中于城市，有利于扩大企业规模，可以充分利用城市基础设施，节约社会成本。另外，伴随着城市化进程，城市竞争愈加激烈，人们为了适应城市生活，需要不断地提高自身素质，这就为工业发展提供了数不胜数的人才，有利于工

①约翰·伊特维尔：《新帕尔格雷夫经济学大辞典》（中译本）第二卷，经济科学出版社，1992。

②章友德编《城市社会学案例教程》，上海大学出版社，2003，第50页。

业化水平的提高。

（二）城市化呼唤"城市学"

在近代城市的整个发展过程中，工具理性至上的现代主义哲学观统领全球，于是人成为世界的主宰，人与自然二元对立。在对自然的过度利用与采伐中，生态问题、环境问题层出不穷，伦敦就在这一时期成为"雾都"；城市内部的劳资矛盾在这一过程中也凸显出来；人在使用机器的过程中被机器吞没，直至变成一颗齿轮……研究和解决这些日益严重的城市问题成为必然，于是"城市学"崭露头角。

19世纪中叶，马克思主义者面对资本主义城市日益尖锐的社会矛盾，曾经对城市阶级、城市贫困、城市住宅、城乡对立等种种弊端进行了批判。20世纪初以来，发达国家学者对城市中的工业布局问题、交通问题、犯罪问题、财政问题、土地问题等进行了具体研究。作为科学术语，城市学一词最早是由苏格兰生物学家帕特里克·盖迪斯（Patrick Geddes）在1915年出版的《城市的演化》（*Citied Evolution*）中首次提出。城市学的初步形成则是在20世纪60年代。1965年，日本学者矶村英一领导的日本城市科学研究会改名为日本城市学会；1972年，他主编的《城市问题事典》修订增补了"城市学"条目，提出了城市学研究的内容和理论框架。1975年，矶村英一出版了《城市学》一书。1979年，美国出版的《韦伯斯英语大词典》第一次收入"城市学"一词。中国作为科学意义上的城市研究是20世纪20年代留学生带回来的，但由于城市本身发展滞缓，直至1982年城市学专家宋俊岭才首倡建立城市学。1984年，城市科学研究会成立后，一批有关城市研究的学会、研究会等学术团体相继成立。其后有诸多以"城市学"命名的著作相继出版。针对中国城市化和城市建设中的诸多现实问题，相关学科和研究机构开展了广泛和相对深入的研究。基于目前的认识水平，城市学学科群大致包括城市经济学、城市社会学、城市管理学、城市文化学、城市空间经济学、城市地理学、城市规划学、城市生态环境学、城市美学、城市史学等学科。[1]

从不同的角度研究城市，其本质有所不同。从地理学角度看，城市是指"地处交通方便的环境覆盖有一定面积的人群和房屋的密集结合体"[2]；"城市是一个巨大的人口集团密集的地域，它以第二、第三产业为主并与之相依存，同时，作为周边的地方中心，进行着高级的社会经济文化活动，是具有复杂的利益目标的各种各样的组织的地方"[3]；从经济学角度看，"城市是具有相当面积、经济活动和住房集中以致在私人企业和公共部门产生规模经济的连片地理区域"[4]；从社会学角度看，"城市，它是一种心理状态，是各种礼俗和传统构成的整体，是这些礼俗中所包含并随传统而流传的那些统一思想和情感所构成的整体。城市是自

---

①牛凤瑞主编《城市学概论》，中国社会科学出版社，2008。

②于洪俊、宁越敏：《城市地理概论》，安徽科技出版社，1983，第16页。

③山鹿诚次：《城市地理学》，朱德泽译，湖北教育出版社，1996，第2页。

④沃纳·赫希：《城市经济学》，中国社会科学出版社，1995，第6页。

然的产物，而尤其是人类属性的产物"①；从生态视角来看，"城市是一类以人的行为为主导，自然环境为依托，资源流动为命脉，社会体制为经络的社会—经济—自然复合生态系统"②；从城市规划角度看，"城市是依一定的生产方式和生活方式把一定地域组织起来的居民点，是该地域或更大腹地的经济、政治和文化生活的中心"③。

基础城市学理论将城市功能分为基本功能、主导功能、辅助功能。基本功能是指维持城市整体正常运转所必须具备的功能，任何一个城市都不可或缺，如地方行政、治安、司法、消防、市政、交通、新闻、居住、生活、服务、商业、娱乐、医疗保健、基础教育、公共设施、园林生态等；主导功能是指城市的核心功能，这种功能是决定城市性质的主要依据；辅助功能通常处于从属地位，可以使主导功能和基本功能更好地发挥作用。

城市学作为一门应用性的科学，研究的目的在于发现和掌握城市发展规律，以便采取相应的调控措施，高效率地解决城市运行中的问题。简言之，城市学研究的是如何最大限度地发挥城市正效应问题，所以城市学会对城市发展现状保持高度敏感，不断调整研究方法，不断提出新的理论假设来阐释城市的发展现实。

---

①R.E.帕克、E.N.伯吉斯、R.D.麦肯齐：《城市社会学——芝加哥学派城市研究文集》，宋俊岭、吴建华、王登斌译，华夏出版社，1987，第3页。

②马世骏、王如松：《社会—经济—自然复合生态系统》，《生态学报》1984年第1期。

③《中国大百科全书·建筑 园林 城市规划》，中国大百科全书出版社，1988，第42页。

本书中我们主要聚焦于现代城市阶段西方城市学理论中的一些新型理论提法，以期观照并推进北京城市的新发展。

二、现代城市阶段"城市学"的理论推进

20世纪，特别是第二次世界大战以后，城市重建风起云涌，世界进入现代城市发展阶段。"现代城市通过强有力的政权、雄厚的经济实力、便利的交通运输和邮电信息网络、强大而迅速的大众传播媒介和其他先进设施，对周边地区施加重大影响。它们已经成为一个国家或地区的经济、政治、科学、文化、教育、信息和服务的中心"[1]。20世纪五六十年代，很多城市变成了制造业基地。20世纪70年代以来，基于经济结构调整和环境保护的要求，很多城市开始转向服务领域。经济活动已经成为当代每一个城市的基本内容，纯粹是政治、军事、宗教性质的城市几乎不存在，城市的综合功能越来越强。城市成为社会财富的主要载体，是所在地区社会经济活动的调控中心。随着通信技术的发展和交通设施的改进，城市的影响范围不断扩大，影响程度逐渐增强，某些大城市的影响力甚至超越了国界。在这一历史语境中，"世界城市"这一密切结合城市发展现状的理论术语，得到了系统地研究。

20世纪70年代之前，工业化与城市化一直相伴而生，呈现

---

[1]潘允康主编《城市社会学新论：城市人与区位的结合与互动》，天津社会科学院出版社，2004，第13页。

正相关的关系；70年代之后，在城市化的高级阶段，城市居民不再仅仅是劳动机器，而是对服务的需求有所增加。要适应这一趋势，单凭工业结构的内部调整已无法完成，这时工业化进程的速度开始滞后于城市化进程。H. 钱纳里和M. 塞尔昆于1988年在《发展的型式1950—1970》一书中提出城市化率与工业化率比较的世界发展模型，该模型对上百个国家的数据进行了统计，指出工业化与城市化的关系经历的是由紧密到松弛的发展过程。现代意义上的城市化已经不仅仅是人口与资本涌入城市，更是一种城市生活方式的四处扩散。如果说工业社会的城市化是一个向内聚集的过程，那么后工业社会的再城市化就是一个向外辐射的过程。这就使理论家们对城市的研究，不能仅仅拘泥于城市的基本功能，而要去探索城市的主导功能和辅助功能对城市及社会发展的重要意义。

随着信息技术的飞速发展，全球化时代急速来临，工业社会转化为以高科技为支撑的后工业社会。美国思想家丹尼尔·贝尔在20世纪70年代，从五个方面论述后工业社会并且指出西方社会正在向后工业社会过渡。他指出："后工业社会是一个广泛的概括。如果从五个方面，或五个组成部分来说明这个术语，它的意义就比较容易理解。①经济方面，从产品生产经济转变为服务型经济；②职业分布，专业与技术人员阶级处于主导地位；③中轴原理，理论知识处于中心地位，是社会革新与制度政策的源泉；④未来的方向，控制技术发展，对技术进行鉴定；⑤制定决策：创造新的'智能技术'。"①鲍德里亚在20世纪80年代提出："一种由类象和新的技术、文化和社会形式所构成的后现代性纪元业已降临。"西方现代社会已经终结，"我们目前正处于一个新的类像的时代。计算机、信息处理、媒体、自动控制系统以及按照类像符码的模型而形成的社会组织，已经取代了生产的地位，成为社会的组织原则。如果说，现代性是一个由工业资产阶级控制的生产时代，那么与此相对立，后现代的类象时代是一个由模型、符码和控制论所支配的信息社会。"②美国甘哈曼预测："21世纪会转变为特种的服务性经济，也就是被称为第四次的经济活动或后工业化经济。"③这已经得到验证。

"作为人类文明标志的城市，是一个时代经济、社会、科学、文化的渊薮和焦点，代表着一个社会经济文化发展的高峰。城市不仅集中了人类的智慧成就，而且也集中了整个社会生活、整个时代所具有的各种矛盾。"④城市作为现代社会的主要载体，时刻反映着现代社会的变化。当现代社会出现新的变化时，城市社会也随之发生巨变，出现了新的城市形态，即理论家所论述的"全球城市"。从"世界城市"到"全球城市"，这绝不是理论家的文字游戏，而是他们对于现实城市发展的敏锐把握，是城市学研究

---

①丹尼尔·贝尔：《后工业社会的来临——对社会预测的一项探索》，王宏周 等译，商务印书馆，1984，第20页。

②同上书，第153页。

③甘哈曼：《第四次浪潮》，林怀卿译，中国友谊出版公司，1984，第34页。

④李铁映：《城市与城市学》，《城市问题》1983年第3期。

视角、研究方法、研究范式的一次革命性的进步。下面几章中,
我们主要通过梳理从"世界城市"到"全球城市"的前因后果,
来观察和展望城市发展的现状与未来,并对现代城市理论中的几
个重要方面做细致解说,以期对北京的城市建设有一个理论上的
借鉴和指导。

第二章 从"世界城市"到"全球城市"的概念转向

一、起始阶段——对"世界城市"基本功能的研究

1889年，德国学者哥瑟（Goethe）就曾使用"世界城市"一词来描述当时的罗马和巴黎。1915年，英国城市和区域规划大师帕特里克·格迪斯（Patrick Geddes）在其所著的《进化中的城市》一书中，明确提出"世界城市"一词，指的是"世界最重要的商务活动绝大部分都须在其中进行的那些城市"，用集合城市去说明城市化过程中地域范围日益扩大的城市，用"世界城市"来标识国家首都（如巴黎、柏林）的统领作用和商业、交通网络系统中的工业中心（如杜塞尔多夫、芝加哥）。1966年，英国地理学家、规划师彼得·霍尔（Petter Hall）出版了《世界大城市》，他对伦敦、巴黎、兰斯塔德、莱茵—鲁尔、莫斯科、纽约、东京等七个世界上具有国际影响力城市的政治、贸易、通信设施、金融、文化、技术和高等教育等多个方面进行了描述，认为它们居于世界城市体系的最顶端。最早对世界城市进行系统研究

的学者是英国地理学家、规划师霍尔。霍尔对世界城市的概念做了经典解释：世界城市指那些对全世界或大多数国家产生全球性经济、政治、文化影响的国际一流大城市。具体包括：主要的政治权力中心；国际贸易中心，拥有大的港口、铁路和公路枢纽以及大型国际机场等；主要金融中心；各类专业人才的集聚中心；信息汇集和传播的地方，有发达的出版业、新闻业及无线电和电视网总部；大的人口中心，而且集中了相当比例的富裕阶层人口；重要的娱乐业产业部门。①

二、转型阶段——全球化进程中"世界城市"的等级位序研究

20世纪60年代以后，跨国公司得到迅猛发展，在全球范围内所向披靡，带动了资金、技术、劳务、商品在各国的流动，从而推动了贸易自由化和金融自由化的发展。跨国公司成为经济全球化的主要载体，在全球经济中的地位和作用日益显著，引起了世界城市研究学者们的注意。在结构主义方法论的影响下，出现了新的城市政治经济学方法。斯蒂芬·海莫（Stephen Hymer）（1972）在这方面做出了开拓性工作，首先提出世界"经济转向"及"总部控制机制"在当今世界的主宰地位。他认为，在联系日益密切的全球经济中，公司决策机制是至关重要的，跨国公司总

①P.霍尔：《世界大城市》，中国科学院地理研究所译，中国建筑工业出版社，1982，第1—3页。

部往往倾向于集中在世界的主要城市：纽约、伦敦、巴黎、波恩、东京等。因此，可以按照拥有跨国公司总部数量的多少来对世界城市的重要性进行排序。自1955年《财富》杂志首次公布了美国500家最大工业公司和国外100家最大公司后，有关跨国公司的资料日益丰富和完整，之后的许多研究把跨国公司总部作为判别城市在全球城市体系中排序的重要指标。

这些研究，确定了"世界城市"的相对重要性，但并未在全球城市的网络中确定城市的等级。科恩（Cohen）以前人的研究为基础，针对经济全球化进程中劳动分工的国际化趋势提出"新国际劳动分工"。他将跨国公司的经济活动与世界城市体系相联系，认为新国际劳动分工是两者沟通的重要桥梁，城市被视为新国际劳动分工的协调和控制中心。新国际劳动分工与殖民主义时代建立的旧国际劳动分工不同，体现了世界经济格局的变化，表现为跨国公司影响下的国际制造业的扩散与由此产生的服务业的国际扩散。[①]在新国际劳动分工背景下，英美等发达国家的传统工业急剧衰落，新兴的服务业迅速发展，而东亚和东南亚的新兴工业化国家和地区迅速崛起，逐渐进入世界生产分工体系中。弗洛贝尔（Frobel，1980）认为，新国际劳动分工是以劳动密集型制造业向发展中国家转移为代表，重构了发展中国家与发达国家的生产联系，体现了世界范围内以城市为依托的生产与控制的等

---

①宁越敏：《新的国际劳动分工、世界城市和我国中心城市的发展》，《城市问题》1991年第3期。

级体系。

　　弗里德曼（John Friedmann）从 Cohen、Frobel 等的新国际劳动分工研究中得到启示，提出了著名的"世界城市假说"。1986年，他在《环境和变化》杂志上发表的《世界城市假说》一文中提出了七大著名论断和假说：①一个城市与世界经济的融合形式和程度以及它在新国际劳动地域分工中所担当的职能，将决定该城市的结构转型；②世界范围内的主要城市均是全球资本用来组织和协调其生产和市场的基点，由此导致的各种联系使世界城市成为一个复杂的空间等级体系；③世界城市的全球控制功能直接反映在其生产和就业结构及活力上；④世界城市是国际资本汇集的主要地点；⑤世界城市是大量国内和国际移民的目的地；⑥世界城市集中体现产业资本主义的主要矛盾，即空间与阶级的两极分化；⑦世界城市的增长所产生的社会成本可能超越政府财政负担能力。他把世界城市的特征概括为：主要金融中心所在地、跨国公司总部（包括地区性总部）所在地、国际性机构所在地、高速增长的商业服务部门、重要的制造中心、主要交通枢纽和人口规模。[①]根据这些指标，伦敦、巴黎、法兰克福、纽约、东京等是发达国家的主要世界城市，圣保罗和新加坡是发展中国家的主要世界城市。

　　弗里德曼继续着他60年代空间结构理论的思想，着重研究

---

① J. Friedmann, "The world city hypothesis," *Development and Change*, 17 (1986): 69—83.

了世界城市的等级层次结构，并对世界城市进行了分类。世界城市假说的实质是关于新的国际劳动分工的空间组织理论。它将城市化过程与世界经济力量直接联系起来，为世界城市研究提供了一个基本的理论框架，为世界城市理论的形成奠定了重要基础。他认为，在全球化时代，评价一个城市的地位与作用，不在于人口规模的大小，而在于参加国际经济社会活动的程度、调控和支配资本的能力。据此，将世界城市划分为核心国家（或地区）的第一级城市、第二级城市和半边缘国家（或地区）第一级城市、第二级城市的等级结构。由于弗里德曼的研究重于理论，轻于实证，对许多变量如金融、跨国公司总部、商业服务业、制造业活动、交通以及人口等指标没有进行测量。许多学者对弗里德曼的世界城市等级提出了批评，如比沃斯托克（J.V.Beaverstock）、史密斯（R.G.Smith）和彼得·泰勒（P.J.Taylor）。后来的研究大都建立在几个全球城市主宰的基础上，通过对某些城市的实证研究，在世界城市框架下研究其等级与位序。

三、发展阶段——全球化进程中"全球城市"之间的网络联系研究

20世纪90年代，随着冷战的结束，全球化进程全面加速，由于高新技术的迅猛发展，网络传播媒介的全球普及，此时的全球化已不仅仅是一种跨国公司主导的经济全球化。此时的全球化应该是一个多元概念，以经济全球化为核心，并包含各国、各民

族、各地区在政治、文化、科技、军事、安全、意识形态、生活方式、价值观念等多层次、多领域的相互联系、影响、制约。此时的世界城市化自然也进入新的发展阶段，发达国家处于再城市化和城市复兴阶段，发展中国家则进入更快速、更全面的城市化阶段，国与国之间的竞争越来越表现为城市间尤其是国际大都市间的竞争。有关世界城市的研究也不再仅仅局限于其基本功能研究和城市地位研究，而是更关注全球网络中城市与城市之间的关联及城市的影响力。

萨森在1991年适时提出了"全球城市"假说。与弗里德曼从宏观的角度来研究世界城市的发展相比较，萨森着重从微观的角度，即企业区位选择的角度来研究她所称的全球城市。萨森认为，全球城市在世界经济中发展起来的关键动力在于其集中优良的基础设施和服务，这使它们具有了全球控制能力。[1]她将"全球城市"的基本特征总结为如下四点：①高度集中化的世界经济控制中心；②金融和特殊服务业的主要所在地；③包括创新生产在内的主导产业的生产场所；④作为产品和创新的市场。

萨森还对纽约、伦敦、东京做了大量的实证分析，指出在"全球城市三角"之间形成一种互补关系而不是竞争关系，它们一起覆盖世界所有时区范围，由此控制着全球经济系统的运行。萨森明确指出其"全球城市"概念与弗里德曼的"世界城市"概念不同，"世界城市的概念有一种附加其上的无时间的属性，而

---

[1]Sas Kia Sassen, *Cities in a world economy* (London：Pine forge press, 1994).

全球城市标志了一种特定的社会空间的历史阶段……我强调全球经济体系的'生产',这不仅仅是全球性协作的问题,更是全球性生产的控制能力问题"①。萨森以纽约、伦敦、东京三大城市实证研究为基础,把全球城市看成世界国际金融中心,强调高级生产服务业如会计、广告、保险、法律、管理咨询、房地产以及银行和金融方面在全球城市中的巨大作用。

萨森在此强调了"全球城市"的向外控制力作用,但他并没有提及其他城市,也没有论及与其他城市的联系。在萨森研究的基础上,曼纽尔·卡斯特尔(Mannel Castells)提出了"流空间",全球城市被作为全球网络的结点。近年来,全球城市及体系研究,更关注全球城市的网络、等级体系、网络组织、全球城市的现实联系以及全球城市区域的研究。洛杉矶学派从后现代主义理念出发对洛杉矶进行了大量的实证研究,把对世界城市的理解恢复到早期霍尔所界定的更为广泛的定义上。如Scott等认为洛杉矶是全球经济、社会、文化和生态系统的一个重要节点,兼具世界城市的共性和个性。除了经济因素以外,文化和意识形态在洛杉矶的发展中起到异乎寻常的作用,并在全球范围内得到广泛的传播。②Soja从政治、历史、文化和社会批评主义角度出发,认为当代的城市化是一个完全的全球化的社会过程,城市化与全

---

① 丝奇雅·沙森:《全球城市:纽约、伦敦、东京》,周振华 等译,上海社会科学院出版社,2001,第328页。

② E.W. Soja, A. J. Scott, Los Angeles: "the capital of the twentieth century," *Environment and Planning D: Society & Space*, no.4(1986): 201—216.

球社会变革是相伴而生的，全球化的城市化或后福特主义城市化产生了像洛杉矶这样的全球城市。①

20世纪80年代以后，信息技术的发展越来越深刻地影响到以世界城市组织起来的全球城市体系，城市通过信息网络被吸纳进世界城市体系中。Castells，Batten，Warf，Hepworth，lanvin等关于信息技术革命和世界城市发展关系的研究进一步深化了城市理论。Castells重新分析了世界经济基本框架形成的力量基础，构建了所谓城市"发展的信息模式"，据此提出"信息城市"概念，并认为所谓的"世界城市"就是他所指的"信息城市"。在后工业化社会即信息社会，世界城市的支配性功能更多地通过网络组织起来，通过建立遍布世界具有"瞬时"通达性的全球战略定位网络，以信息为基础的高级技术打破了国家壁垒。世界城市作为信息空间网络中的一个节点，在世界资本市场的博弈中占据重要位置，谁能获得对这一节点的进入权和控制权，谁就能取得胜利。因此，在信息时代，国家的竞争转而变为城市之间的竞争。理论家们从信息网络的角度来研究世界城市和世界城市网络就成为20世纪90年代以后世界城市研究领域的一个主流方向。英国的泰勒和沃尔克、意大利学者卡特勒（G.Gatalano）和德国学者迈克尔·霍伊勒（M.Hoyler）等人联合开展了世界城市网络作用力研究。泰勒等采用公司实证研究方法，通过大量的案例分

---

①E. W. Soja, *Third space: Journeys to Los Angeles and other real and imagined spaces* (Oxford：Blackwell, 1996).

析，测定了世界城市网络作用力的大小，指出了世界城市网络形成的关键因素，其研究成果在国际城市学界产生了较大影响。

另外，在全球城市网络中，发展中国家的世界城市不可避免地被卷入其中，自然也就进入了理论研究的视野。90年代以后对发展中国家和地区特别是亚太地区的世界城市或潜在的世界城市的研究，引起了本地区学者和国际城市学界的重视。其中一项最重要的研究工作是由联合国大学组织的"巨型城市和城市发展"国际合作项目，重点对亚太地区、拉丁美洲和非洲的巨型城市综合体进行系统研究。维基百科定义，人口超过1000万人、人口密度每平方千米2000人以上的城市为特大城市；同时指出，当代一些城市人口聚集很快，已经成为3000万人以上的超特大城市。

英国学者彼得·霍尔（Peter Hall）定义特大城市地区为：特大城市外围就业人口中的10%在特大城市中心城区就业所覆盖的地区。特大城市地区的人口一般在2000万人以上。

总之，世界城市理论的形成和发展，是与城市的发展现实紧密结合的，并与经济全球化进程密切相关，两者在时段上相吻合，反映了世界经济体系与世界城市体系的相互作用、相互依赖。无论是"世界城市""全球城市"还是"信息城市"，都是理论家对经济发展进程中某一段城市历史的理论描述，没有谁比谁的论断更正确，只有谁比谁更适合于当下现实的理解。"世界城市"与后两个概念相比，理论指向是内向的，因为它来源于工业化时代，是一元发展模式的城市形态，主要集中于对世界大城市的各项指标进行静态分析。而"全球城市"来源于后工业化时代，是以后现代主义哲学为主导的时代，所以城市发展是多元的，产业结构调整、经济发展不再只依赖于工业，第三产业的比重大幅增加，而且"全球城市"这一概念主要聚焦于世界各大城市之间的联系，强调"全球城市"的向外影响力和控制力。

"'世界城市'研究的一个重要特征是研究世界城市性，许多学者致力于研究这个城市是不是一个世界城市，他们的研究兴趣点只集中在顶级的大城市上，这就导致忽视了全球化对于城市的影响"[1]。

"世界城市"是对过去城市的实证性研究，而"全球城市"是对现在及未来城市的建设性研究，Yeong-Hyun Kim 就曾对 Taylor 的城市网络研究做出如此评价："他对城市外部联系做出一种更好的论证，很有新意，使我们对城市产生了更多的爱，而现在存在的关于城市化的研究过于强调城市内部问题，使我们对城市心生恨意。"在全球化高度发展的今天，"全球城市"这一术语更贴近于现实城市的发展，也更具有借鉴意义。国内学者将"全球城市"又称为"国际性城市"或"国际化大都市"，实质上都是以信息技术为主导，具有国际影响力的大城市所独有的形态。结合当下时代背景，我们现在所要构建的也正是这一理论意

---

[1] John Rennie Short, *Global Metropolitan: Globalizing Cities in a Capitalist Worl* (New York: Routledge, 2003), P.21.

义上的"全球城市"。鉴于现在也有国内学者将"世界城市"与"全球城市"等同使用，我们特将理论意义上的"世界城市"看作一个历史性概念。回到这一术语所产生的历史语境中，"世界城市"是一个封闭性概念，只专注于工业社会高度发达阶段某一城市内部规律的研究，而把现在学者所说的"世界城市"，即我们现在所致力于构建的城市形态，看作等同于"全球城市"的概念。唯有如此，才能防止在理论和实践上都返回到历史的旧辙，因为我们现在所要构建的不仅仅是工业化高度发达意义上的"世界城市"，而是产业结构调整以后，以服务经济为主导的、有国际影响力的新型"世界城市"，只有这一意义上的"世界城市"才等同于"全球城市"。

第三章 "全球城市"的内外空间结构

　　"全球城市"是当今西方国家建设国际经济中心城市的一种模式与战略。与一般的城市相比，"全球城市"是在全球化经济环境下，国际资本对全球经济进行控制和发挥影响的空间节点，也是国际移民流动的集散地，因此在整个全球经济体系中占有举足轻重的地位。从 20 世纪后半叶起，西方发达国家涌现出了一大批"世界城市"，如纽约、伦敦、东京、巴黎等。经济增长势头迅猛，某些得天独厚的发展中国家和地区，如新加坡和中国香港也开始脱颖而出，跻身世界城市的行列。而后随着信息技术全球化，出现了关于"全球城市"的研究，Taylor 在其《世界城市网络》一书中指出："越来越多的学者关注于全球化及城市网络的研究，并不意味着国家的终结，而只是标志着以国家为中心的城市研究的终结，是一种元地理学的终结。""全球城市"只是理论界在对这一新生事物研究的过程中所采用的一种研究方向。在这种多元研究视角中，研究者发现：在全球化经济网络下，普通城市要想成为控制国际资本的空间节点，在相当程度上取决于其城市的内部空间结构是否能与外部空间结构形成一种科学合理、相互配合的关系。

一、"全球城市"形成的经济动因

"全球城市"是后工业革命这一大背景下的产物。所谓后工业革命，就是知识密集型产业取代劳动密集型产业，逐步成为经济增长的主要推动力的过程。在工业时代，许多重要的城市往往是本国制造业的重镇，而在后工业时代，城市成功与否，则取决于其吸引和培育新兴产业的能力，如高技术制造业、金融业、商业服务业、休闲娱乐业、创造性产业、零售业、保健与养老服务、教育产业等。在深入剖析城市空间结构之前，我们必须了解"全球城市"是如何形成的。本书认为其直接动因应该是经济全球化。"经济全球化是指各国的商品、服务、资本、技术和人员的流动高速度、大容量地跨越国界，在世界范围内相互开放、相互融合，并使这种开放与融合不断向纵深发展的总趋势。"[①]主要包括如下几个方面：

1.全球生产性服务业的兴起

20世纪70年代以来，除了日本之外的大多数发达国家，工业尤其是制造业的就业人数呈明显的下降趋势，服务业发展势头猛烈，服务性经济趋于成熟，社会消费性服务业为社会提供了大量的就业机会，1973—1979年，整个发达国家的社会消费性服务

_____

①谢守红：《经济全球化与世界城市的形成》，《国外社会科学》2003年第3期。

业就业比重从24%上升到74%[1]。20世纪80年代以来，随着微电子信息技术的广泛应用，服务业发展同信息产业的发展结合在一起，形成生产性服务业。这种生产性服务业成为发达国家的新动力。

从微观经济的角度看，"服务生产的外在化"是产生生产性服务业的动因，即企业内部的服务生产部门从企业分离和独立出来，以降低生产费用、提高生产效率、提高企业经营的专业化程度。为何生产性服务业能在短期之内迅速发展呢？因为在自动化程度迅速提高以后，工业企业的利润来源，更多地依靠于生产性服务所创造的增值量，而不是物质生产过程中所创造的增值量。工业企业想要在竞争中保持优势，必须在技术创新、信息获取、资金融通等方面具有畅通的渠道，这时它们就需要得到技术密集型和知识密集型的服务，如科学研究、技术开发、教育培训、金融保险和信息咨询等部门提供的专业服务。

2.全球通信网络的形成

如果说发生在20世纪70年代前的第三次技术革命导致了服务的外在化，那么从90年代初开始，方兴未艾的第四次技术革命将信息技术广泛应用于服务业，使运输服务、通信服务、金融服务、销售服务都步入了现代化和网络化。信息技术和电子通信的融合构建出跨越全球的通信系统和网络。在过去20多年中，三项重要的创新（传真、移动电话和因特网）已经显示了电子通

---

①蔡来兴主编《国际经济中心城市的崛起》，上海人民出版社，1995。

信网络的巨大影响，在当今世界经济中所发挥的作用，正如铁路在工业化时代、汽车在战后经济复苏中的作用一样。通信业从简单的话音传递发展到了文字传递、图像传递、数据传递、电子书报和可视电话，大大提高了服务效率。通信领域的革命性进展已经带动了全球金融体系和全球服务经济的崛起，并日益改变着人们的生活和工作方式。信息技术从根本上改变了金融交易的方式，使资金得以瞬间来回穿梭于各经济体之间，资本在全球金融市场中24小时即时运作，价值几十亿美元的交易在几秒钟内完成。因此，包括储蓄和投资在内的资本在全世界被连接起来，全球金融流动在规模、速度、复杂性和关联性方面，出现惊人的增长。

3.金融活动全球化

跨国公司是全球资本国际融通的最先驱动力。第二次世界大战后，跨国公司以惊人的速度迅速扩张，在全球范围内所向披靡，带动了资金、技术、劳务和商品在各国的流动，从而推动了贸易自由化和金融自由化的进一步深入。20世纪90年代以来，跨国公司在全球范围内掀起了一股大规模的"并购潮"。1996年，全球企业兼并的交易额为2750亿美元，比上年增长16%；而1997年上半年，全世界跨国公司企业兼并的交易额竟达6920亿美元。此外，一种新型的更高层次的跨国公司的形式，即全球性公司正在兴起，打破了跨国公司国与国的界线，使领导层国际化。如瑞典的ABB公司的管理人员由瑞典、瑞士和德国人组成，从领导层成员的构成上保证了公司不能只为一个国家的利益服务。这一新型的跨国公司形式的出现，无疑大大加快了金融活动全球化的步伐。金融全球化就是指货币与金融资本在全球范围内流动、转移和交易的自由度不断增强。金融的自由化极大地推动着投资和贸易的发展，是促进经济全球化之内在动力。

这种以金融业为核心，以生产性服务业为主导的产业结构，使得一些国际性大都市的内涵发生了质的变化，更新了它们在生产、服务、市场和创新上的形态，尤其是企业兼并和收购的国际化与大规模的资金国际融通，使得这些城市以趋向决策和管理为中心内容，在全球经济活动中表现出一个"中立"的协调人，这种转型使得城市系统从一国的范围走向全球范围，使这些新兴的"全球城市"不仅在经济上具有了全球控制力，文化上也有了全球渗透力和影响力。这种国际化大都市的内外空间结构与之前的所谓大城市相比，发生了很大变化。

二、"全球城市"的内部空间结构

"城市内部空间结构"是在一定的经济社会背景和基本发展动力下，综合了人口变化、经济职能的分布变化以及社会空间类型等要素而形成的复合性城市地域形式。①我们要剖析"全球城市"的内部空间结构，必须结合"全球城市"的产业结构变化及其"产业集群"分布特征，因为关于"全球城市"的理论研究都

---

① 冯健：《西方城市内部空间结构研究及其启示》，《城市规划》2005年第8期。

指出,"城市的内部空间结构是同城市产业集群的核心——边缘组合相吻合的圈层形态"①。

从20世纪80年代开始,西方国家的大城市纷纷发生了结构转型,从传统的工业重镇转变为高度现代化、信息化的世界经济枢纽。过去千篇一律的一个市场区、一个金融中心,以及大学区和法律服务区组成的城市布局,逐渐被形态上缺乏主次、但却是按照特定功能形成的集群分布取代。所谓集群,按照弗里德曼和萨森的理解,指的是根据在城市经济社会生活中所发挥的特定功能而划分的不同的产业聚合。构成世界城市的集群主要有四类:"核心集群""衍生集群""支持集群""边缘集群"。

"核心集群"是全球城市的第一大就业集群,是国际金融机构、跨国公司以及相关国际组织总部的集中地。世界城市之所以能够对全球生产进行控制管理,是因为这些总部通过一张由现代电子通信技术和空间旅行路线交织而成的巨大活动网络,从所在地向本系统内的各个环节发出指令,牵动着遍及整个世界的生产营运活动日复一日地进行。这些反映全球城市核心功能的活动包括银行金融、企业管理、法律服务、统计、技术咨询、电子计算机技术、国际运输、研究、高等教育、公共管理等。"衍生集群"是为核心集群那些工作稳定的高薪从业人员提供直接服务的产业集群,包括不动产、建筑业、宾馆餐饮、发电、高档消费品、娱

①王成至、金彩红:《世界城市的经济形态与空间布局——经验与启示》,《世界经济研究》2003年第7期。

乐休闲、私人保镖、家政服务等方面。与核心集群的从业者相比，他们的收入不高，工作也不够稳定，其中很多工作是季节性和周期性的，如建筑业。"支持集群"包括三个层次：直接服务于国际经济活动的旅游业；城市中留存的制造业（主要为高科技型，如电子数据处理设备等；手工艺型、信息处理与传播型产业，如印刷出版）；公共行政管理部门（政府、非营利性机构总部、贸易协会）。"边缘集群"即非正式的、游离在外的或街头形式的经济，包括为日间工作者提供伙食、擦皮鞋等服务。这是一个人数众多、成分复杂的群体，却为大多数城市的统计所忽略，其中一些领域还被归入了地下经济。

与上述产业集群相对应，全球城市的内部空间布局结构大致可以分为：中央商务区，商务与高层次功能区；内城区，靠近中心区的多建筑都会区；外城区，都会区的行政边界。这种多元的产业集群决定了后工业社会的全球城市不是传统的一个中心，而是出现了多中心格局。后工业社会中的城市如果还按照单中心块布局的模式来构建城市空间的话，势必会造成人口过密、交通拥挤、环境恶化等一系列弊端。如果以不同的产业集群为中心来布局城市空间，自然会改善这些问题，这一点西方全球城市有可贵的经验值得我们借鉴。

三、"全球城市"的外部空间结构

"城市的外部空间结构，就是指一个城市及其所在的区域内其他城市共同构成的空间体系"①。城市与外部空间之间多元联系的扩展和延伸就是城市外部空间结构的地理基础，其中既包括城市之间的联系，也包括城市与小城镇之间、城市与农村之间的联系。1957年，法国地理学家简·戈特曼（Jean Gottman）根据对美国东北海岸地区的实地考察，发表了具有深远影响的著名论文《城市圈：东北海岸的城市化》。文中他提出，在美国东北海岸地区出现了崭新的人类社会居住空间形态，即"城市圈"。他把城市圈界定为"以一个或几个超级城市为核心，组成人口规模逾千万、政治经济影响力举足轻重的庞然大物"。在这一巨大的城市化地域内，支配空间经济形式的已不仅仅是单一的大城市或都市区，而是集聚了若干都市区，并在人口和经济活动等方面密切联系形成了一个巨大整体。

　　按照戈特曼的定义，城市圈具有这样几个特点：区域内有比较密集的城市；有相当多的大城市形成各自的都市区，核心城市与都市区外围县存在密切的社会经济联系；有联系方便的交通走廊把这些核心城市连接起来，使各个城市区没有间隔，城市区之间有着密切的社会经济联系；必须有相当大的总规模（Gottman坚持以2500万人为标准）；国家的核心区域，具有国际交往的枢纽作用。除了Gottman所研究的美国东北海岸从新罕布什尔州的希尔斯布鲁到弗吉尼亚州的菲尔法克斯这一城市圈外，他先后提出了可能发展为城市圈的几个地区：欧洲西北部从巴黎经布鲁塞

①刘林、刘承水主编《城市概论》，中国建筑工业出版社，2009，第148页。

尔、阿姆斯特丹直到鲁尔、科隆这一地区,英格兰中部从曼彻斯特、利物浦到伦敦这一地区,美国与加拿大的五大湖区,日本东海道太平洋沿岸和中国华东以上海为核心的长江三角洲地区。这种"城市圈"在空间上呈现多核心的星云状结构,如此才能把它的枢纽功能发挥得淋漓尽致。

世界城市圈经历了迅猛的发展过程。"依托中心城市构建城市圈的合理空间布局是当今世界城市发展进程中的一大趋势"[1]。现在,世界上许多国家中心城市圈的空间构造都采取了"多核分散型"空间模式。多核心模式的主题是,城市地域里集聚与扩散两种力量相互作用的最后结果通常是复数核心结构。美国地理学者哈里斯(C.D.Harris)和乌尔曼(E.L.Ullman)的多核分散型空间理论认为:中央商务区不一定居于城市的几何中心,却是市区交通的焦点;批发和轻工业区虽然靠近市中心,但又位于对外交通联系方便的地方;居住区仍分为三类,低级住宅区靠近中央商务区和批发、轻工业区,中级住宅区和高级住宅区为了寻求好的居住环境常常偏向城市的一侧发展,而且它们具有相应的城市次中心功能;重工业和卫星城镇则布置在城市的郊区,这对于现代大城市研究与规划很有启示。城市区域化、区域城市化已经成为全球性的趋势。

依托中心城市构建城市圈,已经成为有利于实现经济、社

---

[1]项光勤:《世界城市圈理论及其实践对中国城市发展的启示》,《世界经济与政治论坛》2004年第3期。

会、生态环境协调发展的重要地域空间组织形式。优化的产业结构、良好的生态布局以及人力、财力、物力资源的合理利用……都是"城市圈"构建的诱人之处，值得我们好好重视。在高度信息化、全球化的今天，城市建设只依赖于中心城区的建设，而忽视了外部联系网的构建，显然是不合时宜的，也必将被全球城市网络淘汰。

第二编

世界城市、全球城市的判定与评价

第四章　探索全球城市、世界城市的高端发展之路

改革开放以来，随着我国城市的高速发展，城市经济力量不断壮大，进入世界经济的步伐日益加快，城市的面貌发生了根本性的变化。2009年以来，我国成功应对国际金融危机的冲击，城市发展上了新的台阶，人均GDP超过6400美元。这标志着我国经济社会发展进入了一个新的阶段。在这样的背景下，全国许多城市都提出了建设世界城市、国际化城市的新目标，这是我国城市发展理念的一次飞跃，也是发展战略的一次重要的提升。

那么，什么样的城市才是世界城市、全球城市，或者国际化城市呢？

一、国际上世界城市、全球城市、国际化城市的研究与判定指标

究竟什么样的城市才算得上是世界城市、全球城市，我们怎样才能判定和测度国际化城市呢？毕竟，世界城市不是自封的，是有着基本的功能特征和指标要求的，达到了这些指标，才能获

得国际社会的公认。

世界城市有多种含义，基于对国际化大城市概念的不同理解，各国学者分别提出了各自的衡量指标。

1889年，德国学者哥瑟（Goethe）就曾使用世界城市一词来描述当时的罗马和巴黎。1915年，英国城市和区域规划大师帕特里克·格迪斯（Patrick Geddes）在其所著的《进化中的城市：城市规划与城市研究导论》一书中，明确提出世界城市这一名词。

最早对世界城市进行系统研究的学者是英国地理学家、规划师Peter Hall。1966年，霍尔在其著作《世界大城市》中对世界城市这一概念做了经典解释："世界城市指那些已对全世界或大多数国家产生全球性经济、政治、文化影响的国际第一流大城市。具体包括：主要的政治权力中心；国际贸易中心，拥有大的港口、铁路和公路枢纽以及大型国际机场等；主要金融中心；各类专业人才集聚的中心；信息汇集和传播的地方，有发达的出版业、新闻业及无线电和电视网总部；大的人口中心，而且集中了相当比例的富裕阶层人口；娱乐业成为重要的产业部门"[1]。后工业社会想在世界城市网络中占有一席之地，已经不能只靠单一核心城市的力量，因此"依托中心城市构建城市圈的合理空间布局是当今世界城市发展进程中的一大趋势"[2]。

①P.霍尔：《世界大城市》，中国科学院地理研究所译，中国建筑工业出版社，1982，第1—3页。
②项光勤：《世界城市圈理论及其实践对中国城市发展的启示》，《世界经济与政治论坛》2004年第3期。

简·戈特曼（Jean Gottman）于1957年发表的《城市圈：东北海岸的城市化》，提出了"城市圈"理论。

约翰·弗里德曼（John Friedmann）于1986年在《环境和变化》杂志上发表了《世界城市假说》一文，采用"核心—边缘"的方法，给出了七项指标用来衡量世界城市。这些衡量的指标开始注重在经济全球化过程中城市发展的市场外扩、功能延伸。并将全球30个主要城市，按其所在国家的经济社会发展水平分为两个部分：核心国家（发达国家）和半边缘国家（新兴工业化经济体）。然后又根据上述指标将之分为"第一级城市"和"第二级城市"两个档次：在核心国家中，第一级城市有纽约、芝加哥、洛杉矶、伦敦、巴黎、法兰克福、苏黎世、鹿特丹、东京；第二级城市有旧金山、休斯敦、迈阿密、多伦多、布鲁塞尔、米兰、维也纳、马德里和悉尼。在半边缘国家中，第一级城市有新加坡、圣保罗；第二级城市有香港、台北、首尔、曼谷、马尼拉、墨西哥城、布宜诺斯艾利斯、加拉加斯和约翰内斯堡。他的这种评价体系局限于资本主义经济体系内部的空间格局排列，虽然比较宏观，指标体系也比较全面，但可操作性不强。

经济学家科恩的"跨国指数"和"跨国金融指数"方法，是在分析美国一些城市在全球城市等级体系中的位置时提出的。他认为只有当这两个指标均位于前列的时候，这个城市才能被认定为"全球城市"。跨国指数指在全球最大的500家工业公司的某一城市所发生的海外销售额占这500家公司的海外销售总额的比重及它的销售总额占这500家公司销售总额的比重。如果这个指数大于1.0，则该城市属于国际中心城市；大于0.7、小于0.9则属于国内中心城市。

对这两种指数进行综合评估，从全球范围看，只有纽约、伦敦、东京在两项指标中均居前三位，因此这三个城市属于全球城市，而巴黎、莱茵—鲁尔城市带、大阪、芝加哥、法兰克福和苏黎世的等级低于上述三个城市。

萨森从经济全球化的角度，将全球城市看作各类国际市场的复合体，是外国公司的主要集聚地和向世界市场销售生产性服务业的主要集散地，同时由于这些城市在全球经济的运作中发挥着重要的作用，全球城市也应当是国际性不动产市场最重要的所在地。为此，她提出全球城市应是"主导性的金融中心""主导性的国际货币交易中心""国际性的不动产市场"①。萨森用这三项要求分别对17个最大城市和城市圈的跨国公司总部数量、资本数量、股票价值总量、房地产项目等进行比较分析，结果纽约、伦敦、东京是名副其实的全球城市。

卡勒鲍特（Carlabbott）认为，按照经济的专门化功能，20世纪后期的国际性城市至少可以分为三类②：一是国际性生产城市，直接为世界市场服务，致力于出口商品生产的国际化或拥有

---

① Sassen, Saskia, *The Global City: NewYork, London, Tokyo* (New York: Princeton University Press, 1991).

② Carlabbott, "The International City Hypothesis, An Approach to the Recent History of U.S Cities," *Journal of Urban History*, 1 (Nov.1997).

大国际企业的分厂；二是国际性通路城市，指历史上欧洲人进行海外定居的地区和一些殖民地城市，如美国历史上的一些商业城市和19世纪欧洲扩张时的一些殖民地城市都属于这一类；三是国际性交易事务城市，指向跨国市场提供专业技术、金融服务和个人服务的城市，要在经济、政治、组织信息或文化信息方面实现专门化。Carlabbott制定了衡量三类城市的一个系列标准，其中包括衡量这些城市进行国际联系的标准、衡量为首的国际性城市的标准。他列表把美国纽约、华盛顿、迈阿密、洛杉矶、休斯敦、新奥尔良、旧金山及亚特兰大等城市在许多方面的指标进行了比较，如外国人口的出生、外国银行数量、外国旅游者数量、新移民数量、进口物资的价值、具有外国领事馆的数量以及与外国建立姊妹城市关系的数量等，经过比较，纽约成为美国首屈一指的国际性大城市。

诺克斯（Knox）提出，用功能分类的方法可能更有用，他根据以下三个功能将世界城市分类[①]：首先是跨国商务活动，由入驻城市的世界500强企业数来衡量；其次是国际事务，由入驻城市的非政府组织和国际组织数来衡量；最后是文化聚集度，由该城市在国家中的首位度来体现，比如其与全国最大的次大都市的人口比例。

Castells非常强调国际城市与全球各地的流量（例如信息、货

---

①P.Knox.and P.J.Taylor（eds），*World Cities in a World System*（Britain ： Cambridge University Press，1995）.

币、人口、物资等的流动），指出世界城市的产生与再发展是通过其流量而不是它们的存量凝结来实现的。[1]Godfrey 和 Zhou 建议在确认全球和地区中心时，不仅要考虑跨国企业总部的数量，跨国企业分公司的因素也需考虑在内。[2]

英国拉夫堡大学"全球化和世界城市"研究小组是全球权威的世界城市研究中心，他们创造了一种以数量方式研究世界城市网络的方法。其大多数研究是关于城市内部结构和城市间相同性的比较分析。这个研究小组的负责人拉夫堡大学经济学教授彼得·泰勒认为，世界城市网络是在高级生产性服务业的全球化进程中，国际城市之间形成的关系。世界城市网络的形成被模型化为全球服务性企业通过日常业务"连锁"城市，从而形成一种连锁性网络，跨国公司是此连锁过程的代理人。一个城市融入世界城市网络的程度往往说明这座城市的国际化程度，也与城市未来发展前景相关。

进入 21 世纪，创意产业在全球勃兴，对创意城市的探索也风起云涌。究竟什么是富于创造活力和生命力的城市，英国学者查尔斯·兰德利提出了九项测度创意城市的指标：关键多数、多样性、可及性、安全与保障、身份认同与特色、创新性、联系和综合效益、竞争力、组织能力。这些标准需要纵观经济、社会、

---

[1] Castells, Manuel, "European cities, the informational society, and the global economy," *New Left Review*, 204 (1994): 18—32.

[2] Godfrey B.J., Zhou Y., "Ranking cities: multinational corporations and global urban hierarchy," *Urban Geography*, 20 (1999): 268—281.

环境与文化四个层面。而其指标如"关键多数"则会涉及经济、社会、文化诸多方面。无疑，每一个力图成为国际化的城市，都要在价值链上步步高升，以争取自身的核心地位，借此来控制出口和低成本活动，同时吸引研究与知识创造中心、总部、先进制造服务业，以及文化艺术创意等高价值活动，最终成为某种中枢。[①]

我国在20世纪80年代开始了对城市国际化的研究，但对城市国际化评价的指标还主要集中在城市的基础建设方面。最早出现的评价是中国人民大学舆论研究所会同青岛市政府办公厅（1995）邀请60位知名专家学者参与对国际化城市进行的一项"特尔斐法"研究。最终专家们从中选出了"最为关键的指标"五项（年资金融通总量、年人均生产总值、港口吞吐量、外汇市场日交易量、外贸转口额）以及其余十三项"基本指标"和"参考指标"等，都集中在城市基础建设方面[②]。王书芳认为，衡量国际大都市标准和指标可以从以下几方面选择：反映城市人口规模及构成的指标；反映城市经济综合实力的指标；反映城市经济结构和国际化经济功能与服务功能水平的指标；反映城市环境条件、基础设施水平和交通、邮电、信息业国际化水平的指标。[③]

随着城市现代化建设的不断推进和城市国际化理论研究的不

①查尔斯·兰德利：《创意城市》，杨幼兰译，清华大学出版社，2009，第328页。
②喻国明：《建设现代化国际城市的基本指标体系及操作空间——来自青岛市建设现代化国际城市"特尔斐法"研究的报告》，《城市问题》1995年第1期。
③王书芳：《我国国际大都市的建设》，《中南财经大学学报》1999年第3期。

断进步，城市国际化的评价指标开始出现城市现代化基础和国际交流并重的局面，如刘玉芳根据国际化城市的概念和判断标准，提出从经济发展、基础设施、社会进步和国际化水平四个方面综合评价城市的国际化程度。随着我国城市国际化程度的不断加深和理论研究的进一步加深，对城市国际化的评价也逐渐开始集中到注重城市的国际交流方面。[①]沈金箴、周一星认为，判别世界城市的指标可以从以下几方面加以综合考虑：国家和国际政治权力、跨国公司总部、国内和国际的贸易、全球金融机构、全球专业化服务、全球信息、全球消费、全球文艺、世界性活动、全球交通节点、全球制造中心、城市经济规模、城市人口规模。[②]

倪鹏飞博士提出对城市的国际化评价，除了从城市经济国际开放度方面外，应从城市人文国际开放度来评价。经济国际开放度用以下指标衡量：对外贸易依存度、外资占固定资产投资的比重、外企占城市总企业的比重。人文国际开放度则主要考虑：移民人口指数、外语普及率、外来文化影响度。[③]

二、国际上建设世界城市、全球城市的新思路

在全球化的推动下，世界形势发生了重大变化，世界城市的发展产生了新的趋向。人们对它的认识也有了提升。

---

①刘玉芳：《国际城市评价指标体系研究与探讨》，《城市发展研究》2007年第4期。
②沈金箴、周一星：《世界城市的含义及其对中国城市发展的启示》，《城市问题》2003年第3期。
③倪鹏飞主编《中国城市竞争力报告》，社会科学文献出版社，2007。

在最新的世界城市要素中，信息化成为世界城市的"神经中枢"。世界城市是全球信息网络的中心，信息技术带动和加速了物资流、人才流、信息流、资本流和技术流的集聚与扩散，其强度和速度超过以往任何时候，城市的综合功能得到进一步加强，形成了产业分工跨越国界和产业体系区位分离的结构。信息化促使产业形态发生变化，促使创新模式发生转变，促使社会生活模式发生转变，促使社会和城市管理模式发生转变，促使城市的概念发生转变，促成了传统社会向信息社会的转型。随着信息技术的深入发展和信息社会的加速到来，信息化将与经济、社会、文化各方面深度融合，成为引领变革的主动力量。

当今主要的世界性大都市都将信息化作为提升城市形象的基础性战略措施。纽约提出了"互联城市"计划；伦敦在远期城市规划中提出了发展"互联经济"目标；东京利用全国乃至世界信息中心的优势地位，成为第二次世界大战后新兴世界城市；新加坡提出"智慧国2015"计划（iN2015），通过发展信息产业实现向世界城市的迈进。可以说，信息化、数字化、网络化成为世界城市经济社会的基本运行方式，成为世界城市软实力的重要组成部分。

在传统的现代化城市发展模式中，城市资源被极大浪费，生态环境往往遭到不同程度的破坏。在新的世界城市的发展中，各国高度重视节约资源、保护生态、关爱环境。生态平衡的宜居环境在城市发展中日益占有重要地位。追求低碳目标、循环经济与可持续发展成为建设世界城市的新的重要目标。

20世纪末以来，随着文化产业、创意经济的兴起，文化产业日益成为城市经济的支柱产业，成为城市发展的驱动力。联合国创意城市网络的建立与迅速走红，成为城市国际化的强大动力。而独特的有魅力的文化品格、城市形象和市民人文素质，成为全球关注的中心，也成为世界城市获得最佳品牌效应的重要途径；文化多样性和宽容和谐的城市氛围，使得像巴黎这样的世界城市得到了更多的青睐。优异的创业环境、高阶舒适的生活环境、文明的城市环境，使新加坡、悉尼、香港等国际城市成为吸引外来人才和国际人口的重要目的地。

在传统的现代性理念和国际城市发展中，经济发展占有绝对主导的地位，城市代表着财富的集聚、富人的天堂，代表着企业的驻地、商贸的中心。城市在全球竞争中以自身主导的产业赢取成功，是城市发展的主要目标。城市管理者们更关注CBD（中央商务区）、产业集聚区、机场、高新技术园区的发展。但未来的变化趋势是，城市功能由经济主导型或经济唯一型向综合平衡的更加社会化转变；全球城市的发展更注重城市社会功能的开发，更注意解决城市的公共服务问题，防止社会分化，促进经济和社会相协调。

世界城市化的发展经历了"集聚—高度集聚—困境—分散"的发展过程。城市化初期，大量的人口向城市特别是中心城市聚集，当聚集达到饱和的时候，曾出现一系列的重症"城市病"，如交通拥堵、生活成本日益增加、城市功能高度集中、地价飞升等。这使得城市居民的生活质量日益下降，导致了城市的分散化取向：城市的空间结构由高度集中逐步走向分散化结构。

世界城市发展的另一个趋势是都市圈的发展，特别是新兴国家都市圈的迅速崛起，显现了都市圈发展的新方向和特点。新兴国家都市圈在全球城市网络战略中的地位得到大幅提升，对于所在国家的整体发展战略具有重大影响。墨西哥城、里约热内卢、圣保罗等都迅速发展，新兴都市圈的发展潜力正在不断被释放。

2008年10月，美国《外交政策》杂志、科尔尼（A.T.Kearney）咨询公司和芝加哥全球事务理事会联合发布了全球城市的排名，征询了萨斯基亚·萨森和维托尔德·雷布津斯基等学者的意见。《外交政策》杂志指出，这个排名中基于对24种度量方法的评估，分为五个领域：商业活动、人力资本、信息交换、文化体验以及政治参与。这里特别谈到了信息交换在信息社会中的重要意义。文化体验也再次得到了强调，重新提出了政治参与问题。总排名里面可以看到，纽约、伦敦、巴黎、东京在总排名中居于前列。从分项看，巴黎在信息交换上是世界第一，伦敦在文化体验上是第一，纽约在人力资本、商业活动和整体上都是第一。香港在人力资本和整体上均居世界第五。北京虽总排名第十二，但是在政治参与方面世界排名第七，是比较靠前的。上海总排名第二十，商业活动排名第八。

2009年10月，东京莫里会的城市战略研究所发布了对全球

城市的一次全面研究结果。全球影响力城市指数依据六大类69
个个体指标排名。这六大类是：经济、研究与发展、文化活动、
宜居度、生态和自然环境、容易接近的程度。这里世界城市的标
准设定又比过去的研究前进了一步，强调了"研究与发展""文
化活动"的重要性，这是在以前的世界城市评价中很少考虑的。
特别是下面这几个方面：一个是宜居度，住得好不好；一个是生
态和自然环境，人们是不是活得舒适惬意，是容易接近的城市还
是高压的城市。根据这样的排名，得出纽约依然是第一，伦敦第
二，巴黎第三，东京第四，新加坡第五，香港第十。2014年，该
标准将"容易接近的程度"改为"感性价值"，从安全安心、多
样化、亲近感等角度，强调城市"非物质的价值"。在这一指标
体系下，北京排第十四名，主要受到环境和交通的影响，但仍排
在全球城市的前列。

　　2010年，总部在伦敦的世界城市咨询公司 Knight Frank LLP
和花旗银行一起发布了对40个预选世界城市的调查结果。有四
个参数：经济活动、政治权利、知识和影响、生活质量。知识和
影响、生活质量成了世界城市考察的重要内容。按照这一标准得
出的排名依然是纽约第一、伦敦第二、巴黎第三、东京第四。
2011年公布的结果，北京排在全球第八位。其分析认为，由于亚
洲城市经济发展十分迅速，亚洲城市，连带华人移民胜地多伦多
与旧金山的排名都有大幅度提升。

　　这些国际上的相关理论讨论与实践运作都将为北京建设世界

城市提供可资借鉴的经验，推动我们按照北京发展的现实去探索具有中国特色、北京特色的世界城市之路。

三、探索国际化城市的高端发展之路

建设世界城市是一个关乎国家和地区发展的复杂而长期的过程，需要从高层次进行制度创新，形成日益完善的城市管理制度、经济制度、法律制度、社会保障制度，为世界城市的建设保驾护航。因此，建设世界城市，必须首先关注国家总体发展战略和区域发展大局，并以此为指导，确定城市发展方向。市政府的战略导向具有关键性、决定性的作用。

目前公认的世界城市无一不是对世界经济具有强大影响力的城市，所以发展经济是构建世界城市的重中之重，主要包括如下要素：形成以核心城市为主的城市圈区位经济联合体；成为国际金融和贸易中心，关注外汇市场日交易量、外贸转口额、年资金融通总量、进口物的价值、外国银行数量等；集聚着众多的跨国公司和财团总部或分部、国企总部，拥有雄厚的资本；建立完善的市场经济体系，调整产业结构，第三产业高度发达，具有高效的综合服务功能，完善现代服务业中的财务、广告、金融和法律等服务体系；发展附加值较大的创意产业，以增加城市资本，提升城市价值；建设完善的产业集聚区，如中心商务区、高科技开发区等；关注消费市场、国内外消费总量等；关注股票价值总量、房地产项目等所创造的价值。

城市基础建设是构建世界城市的物质基础，城市必须有现代化的基础设施做保证。城市建设、城市布局、公共设施的建设都需要大力加强。另外，交通设施也非常重要，世界城市一定是世界交通的重要枢纽，因此航空、公路、铁路、地铁等都是构建世界城市的重要基础。通过测定城市港口吞吐量也可以看到城市经济贸易往来的总体情况。北京作为中国拥堵城市，公共交通系统有待进一步改善。

社会人文方面要考虑外国领事馆数量、国际性机构数量、非政府组织（NGO）数量、与外国建立姊妹城市的数量、高等院校数量、大型国际会展数量，和谐的社区文化与公共文明秩序、市民文明素质，以及城市的文化影响力、城市品牌的形成、外语普及率、外来文化影响度、休闲娱乐和公共艺术等。另外，还需要经常开展国际科技、教育、文化、体育等交流活动。

当代世界，科技创新是城市发展的原动力，而城市的信息流动是判断其是否为世界城市的重要指标。构建的新型世界城市，必须高度关注高新科技产业和信息产业，关注通信传媒技术、信息网络技术、高新制造业技术，以及信息产业方面所需硬件设备的制造等。

世界城市需要有一定的人口规模，又不能为人口之多所累，更重要的是需要注重人口质量，相关指标如人口学历比重、精英人才数、留学生数、新移民数、外国人口的出生数、外国旅游者数、农民工及流动人口数。同时，还应具备自然环境良好、空气质量上乘，并拥有富有特色的丰富旅游资源、建设宜居城市，能提升市民的幸福指数。

未来全球世界城市、国际化都市或世界中心城市的发展趋势是怎样的呢？东方城市逐渐兴起，中国城市将对世界城市转移产生重大影响，而中国各个城市将不得不面临新型城市化的再思考。

2012年8月20日出版的美国《外交政策》杂志封面文章以"未来城市"为题，发布了"2025年全球最具活力城市排行榜"，对世界城市的发展趋势做出了预测。这个榜单由美国麦肯锡咨询公司推出。作者认为，在历史上的任何时候，城市，从没如此重要过。如今，全世界有600个城市正在创造全球约60%的GDP。2025年这种情况依然不会有太大的改变，只是构成这600个城市的精英成员会有很大的变化。世界的中心城市将从欧美向南转移，而起决定性作用的将会是"东方"。文章说："这就是为什么我们制作出这张如此特殊的榜单，为2025年选出最具活力的城市。"

文章认为，2010年，全球GDP的一半出自发达国家的362个城市。预测认为，到2025年，除了纽约、东京、伦敦、芝加哥等超级大都市，1/4的发达国家城市将跌出全球600强城市榜单，被96个新兴城市取代，其中72个来自中国。全球75座活力城市名单中，中国有29个城市入选，约占四成。上海摘得该榜单桂冠，京津紧随其后，广州名列第五。文章认为，中国的城市化正以前所未有的步伐推进，其规模是世界首批城市化国家英国的100倍，速度则是其10倍。仅在过去的10年（2010—2020年），中国居住在城市的人口就从36%增加到近50%。2010年中国的大都市地区贡献了中国78%的GDP。如果这种趋势保持的话，中国的城市人口将从2005年的近5.7亿人增长到2025年的9.25亿人——这个增长数量比美国全部人口都要多。和中国城市竞相崭露头角不同，只有13个美国城市和3个欧洲城市入榜。分析称，由于欧美经济增长乏力，世界经济平衡将以前所未有的速度和规模通过城市化的进程由西方向东方倾斜。

文章也指出，城市的进化充满各种变数，进化的成功取决于领导人的英明决策、当地的经济形势、当地商人的努力和运气。中国的房地产泡沫可能会破，中国的经济增长率会趋于平缓。通过观测宏观经济局势，不论经济增长是变缓还是加快，除非发生难以预料的灾难，未来大部分全球化大都市将来自中国。

2014年该报告的排名中，北京的全球排名由2013年的第十二名上升到第八名，跻身全球十大城市。北京强大的吸引外资能力和中国跨国公司的崛起是其排名上升的理由之一。

目睹了世界城市16年的高速发展和变化，上海社科院和社科文献出版社共同推出《国际城市蓝皮书：国际城市发展报告（2018）》（以下简称《蓝皮书》），将公认的世界城市研究权威组织——全球化与世界城市研究网络，最新发布的世界城市排名，与其2000年开始的五轮排名进行对比，梳理出2000—2016

年世界城市发展演进的特点。

《蓝皮书》显示，17年中，全球进入世界城市行列的城市由227个增长到361个，增幅近六成。其中，中国的世界城市快速崛起，从2000年进入榜单的6个城市增加到2016年的33个。中国拥有的世界城市总数仅次于拥有51个世界城市的美国。中国城市占世界城市总数的比重从2.64%增加到9.14%。

据了解，入围的世界城市被划分为5档12级，最高层次的是"全球城市"，十几年间并无变化，伦敦和纽约一直保持着领先地位。紧接着是世界城市，分三个梯队，然后是准世界城市。

2016年入列世界城市的33个中国城市，呈现出非常稳固的金字塔结构：北京、上海、香港、台北、广州为第一梯队世界城市；深圳、澳门、成都为第二梯队世界城市；南京、杭州、青岛等12个城市列为第三梯队；济南、高雄、昆明等13个城市为准世界城市。值得注意的是，自2008年以来，北京、上海和香港已稳定处于第一梯队前列。台北虽同处于世界城市第一梯队行列，但自2000年以来等级均未有进一步的提升；而广州2016年则是首次进入第一梯队行列。第二梯队方面，成都的崛起尤为突出，直接从2012年的准世界城市梯队进入世界城市第二梯队行列。由此可见，在未来第一梯队的世界城市崛起的过程中，中国城市具有较大的发展潜力。

京、沪、港将上升到更高的排位。《蓝皮书》指出，2000年以来，2012—2016年的跨越最大，中国新增15个世界城市，这主要得益于一大批中国的省会城市、区域门户城市踏上或跨越门槛，进入第三梯队世界城市和准世界城市行列。这些城市除东部的苏州、济南、福州、宁波外，主要是长沙、沈阳、昆明、太原、长春、合肥、郑州、南宁、哈尔滨、乌鲁木齐等中西部和东北地区的省会城市，进入世界城市榜单的中国城市空间分布更加均匀，中国融入全球化进程已是全域性的。

2017年10月，中国社会科学院与联合国人居署共同发布了《全球城市竞争力报告（2017—2018）》。分别对全球城市的经济竞争力和可持续竞争力进行了排名。就经济竞争力排名而言，纽约高居榜首，洛杉矶紧随其后，新加坡排名第三。中国排名最高的城市是深圳，排在第六位。而在前100名中，中国共有21座城市入围（表4-1）。

表4-1　2017年中国上榜部分城市名单

城市	经济竞争力		可持续竞争力	
	系数	排名	系数	排名
深圳	0.9337	6	0.5761	35
香港	0.8873	12	0.6581	13
上海	0.8367	14	0.6110	27
广州	0.8346	15	0.5746	36
北京	0.8102	20	0.6708	11
天津	0.7866	23	0.4735	93
苏州	0.7644	28	0.4227	160
武汉	0.7310	40	0.4535	116

城市	经济竞争力		可持续竞争力	
	系数	排名	系数	排名
南京	0.7261	44	0.4845	79
台北	0.7232	47	0.5255	57
成都	0.6775	62	0.4315	148
无锡	0.6697	68	0.3553	268
长沙	0.6657	71	0.4125	173
杭州	0.6601	74	0.4125	101
青岛	0.6462	85	0.4202	164
重庆	0.6464	86	0.4545	114
佛山	0.6319	91	0.3805	221
郑州	0.6151	99	0.3824	217

中国顶级城市表现良好，整体竞争力水平提升迅速，一些强二线城市表现得较为亮眼，除深圳进入全球十强外，香港、上海、广州、北京进入前20强，共有21个城市进入前100强，这反映了中国城市发展已经从"中心聚集"进入"扩散外溢"的较高阶段。

北京、香港、上海、深圳、广州、台北、南京、天津、厦门9个城市进入可持续竞争力百强。

2017年中国可持续竞争力城市排行榜中，香港成为排名第一的城市；北京与香港稍有差距，排名第二。香港、北京、上海、深圳、广州占据了前五名。杭州实力不容小觑，排名第六（表4-2）。

表4-2　2017年中国可持续竞争力城市排行榜

城市	可持续竞争力	排名
香港	1.000	1
北京	0.989	2
上海	0.922	3
深圳	0.818	4
广州	0.770	5
杭州	0.738	6
南京	0.729	7
澳门	0.706	8
青岛	0.682	9
大连	0.681	10
武汉	0.677	11
宁波	0.663	12
成都	0.656	13
无锡	0.645	14
厦门	0.645	15
苏州	0.644	16
西安	0.630	17
天津	0.611	18
烟台	0.606	19
重庆	0.604	20
舟山	0.587	21
济南	0.581	22
南昌	0.581	23

城市	可持续竞争力	排名
珠海	0.578	24
沈阳	0.571	25
长沙	0.564	26
郑州	0.563	27
绍兴	0.562	28

平静地审视各种排名的成就，我们应清醒地看到我国城市发展中的一系列重大问题与困境。大量的人口向城市特别是中心城市聚集，人口饱和、环境承载力危机，已经出现一系列的重症"城市病"，如交通拥堵、生活成本日益提升、城市功能高度集中、地价飞升、环境恶化、文化消弭、公民社会权益弱化等。这使得城市居民的生活质量日益下降，宜居度下降，幸福感缺失。

总之，文化是我国城市建设世界城市的最重要的资源和特点，社会和谐是建设世界城市的最重要的保证，以人为本、关注民生是建设世界城市的出发点。北京之所以被联合国人居署评为世界上最平等的城市，源于长久以来北京形成的宽容博大的城市品格。因此，在建设世界城市的探索中，我国城市除了必须借鉴各个世界城市如纽约、伦敦、巴黎、东京的基本构成和各自的独特成就外，要选择最合宜的"点"来重新"合成"，如纽约的百老汇、伦敦的创意产业、巴黎的文化底蕴，创造一个具有独特品格的东方文化型的世界城市。

我们所要建设的世界城市应该是政治民主、制度合理、经济发达、基础设施完善、科学技术水平先进、信息网络通畅、高新技术人才聚集、生态环境良好的,对世界政治、经济、文化都具有强大影响力的可持续发展的国际化大都市。

第五章　城市品牌与城市营销指数

改革开放以来，在工业化带动下，我国的城市化进程发展迅速，综合考虑人均收入、工业化程度、产业结构、就业构成、流动人口等关联因素，目前我国已进入城市化加速阶段。而工业化社会衍生的结果必然是城市的核心价值可以被用来定位和包装之后产生出新的附加值——品牌。所以城市化急速发展之后，城市的发展将越来越依靠品牌。进入 21 世纪后，我国诸多一线、二线城市纷纷打出品牌战略，如深圳的"设计之都"、成都的"美食之都"、杭州的"休闲之都"等。品牌的核心内涵是要传递给消费者核心利益（即品牌究竟要带给消费者什么），是企业针对消费者的市场承诺。城市品牌是一个城市在推广自身城市形象的过程中，根据城市的发展战略定位所传递给社会大众的核心概念，并得到社会的认可，因此城市品牌绝对不能简单地等同于表层的市容、市貌等城市形象，而是一座城市的精神和灵魂。

21 世纪，全球性竞争日益加剧，随着经济全球化愈演愈烈，国与国的竞争日益演变为国际城市之间的竞争，而我们所要建设的富有竞争性的全球城市的首要职能，即为全球性的金融职能，跨国公司的保有量成为拥有全球城市资格的重量级指标，作为全球城市需要推出独有的城市品牌以吸引投资。一个城市的品牌核心价值不仅是这座城市在商业竞争社会存在的理由,更重要的是代表了这个城市能够为全体社会成员带来最大的利益,对目标受众而言则包含了自身利益的最大化,对投资者而言则意味着投资的最大回报。

建立城市品牌并不是一个广告、一次公关活动可以解决的,城市功能如此丰富、复杂,使城市的规划和经营异常庞杂,从经济、文化、交通、环境到居住、安全、教育和城市建设,每一个环节都关乎城市品牌的塑造。2006年,安霍尔特(Anholt)提出了城市品牌指数,包括城市声望地位、城市环境素质、城市发展机会、城市活力、城市素质、城市基本条件等六项一级指标,又称"城市品牌六边形",每个一级指标下又细分若干二级指标。①中国国家统计局国家经济景气监测中心于2005年11月发布了《中国城市品牌经济状况报告》,其中就提出了"中国城市品牌经济评估指标体系",该指标体系包括五个一级指标,即资源评价指标、产业评价指标、企业评价指标、政府评价指标、城市特性指标,在一级指标下又选取了多项二级指标。综上所述,无论是国外学者还是国内研究机构,都认为城市品牌的核心价值既包含了看得见摸得着的东西,同时也渗透了许多复杂多元的无形价值,环境、资源、文化、历史、经济和人本身都是构成和决定一

---

① 刘彦平主编《中国城市营销发展报告(2009—2010):通往和谐与繁荣》,中国社会科学出版社,2009,第53页。

个城市品牌价值的核心要素。"城市品牌是城市差异化、个性化的生态环境及经济实力、文化底蕴、精神风貌、价值取向等综合功能结构的呈现"[1]。在经济学领域中，品牌是营销的产物，那么城市品牌就应该是城市营销的产物，因此城市营销的成功与否直接决定着城市品牌的价值高低，那么怎样的城市营销才算得上成功的模式呢？这就需要对城市营销指数做一番评价与测度。

一、城市营销指数

"营销城市是将整个城市作为一个'商品'来营销，从整体上对城市进行全面的资源整合和包装，把城市全方位地营销出去，成功地塑造城市美好的品牌形象。"[2]"城市营销"概念最早源于西方的"国家营销"理念。菲利普·科特勒在专著《国家营销》中认为，一个国家，也可以像一个企业那样用心经营。在他看来，国家其实是由消费者、制造商、供应商和分销商的实际行为结合而成的一个整体。因此国家营销应当突出自己的特点，发现自己的优势所在，提高自己的竞争力。城市营销力求将城市视为一个企业，将某城市的各种资源以及所提供的公共产业或者服务向购买者兜售。它包括一个城市内产品、企业、品牌、文化氛围、贸易、环境、投资环境乃至城市形象和人居环境等全方位的

---

①李怀亮、任锦鸾、刘志强主编《城市传媒形象与营销策略》，中国传媒大学出版社，2009，第236页。
②同上书，第226页。

营销，其营销市场既包括本地市场、国内市场以及海外市场，还囊括互联网上的虚拟市场。城市的任何硬实力和软实力都可以营销，但营销城市必须把城市规划和环境保护放在首位，没有正确的规划和良好的生态环境，城市经济就不能得到可持续发展。

城市营销就是要营销城市的可居住性、可投资性、可旅行性等，如何评估城市营销的绩效却是一个很大的挑战。市场营销理论认同但无法依赖"理性人假设"，要面对兼具经济理性、政治理性、社会理性和非理性情感的具体的人，因此，营销绩效的评价很难有一个固定的框架来加以衡量。城市营销有多重主体、多元目标，其市场的背景和机制要比企业营销更加复杂。要建立一个既面向过程、兼具主客观要素又适用大样本测度的指标体系，首先要考虑测度的成本和可行性问题。因为营销绩效评价中，顾客或受众的主观认知因素占据着相当的分量，而要获得这些数据投入极大。《中国城市营销发展报告（2009—2010）：通往和谐与繁荣》中提出要充分挖掘客观数据和资料，以对城市营销指数做出客观评价。此报告认为城市营销指数包括如下内容：城市品牌形象的测度（品牌强度）、基础建设的测度（基础指数）、营销沟通的测度（推动指数）、网络营销的测度（趋势指数）、营销效益的测度（效益指数）。具体城市营销指标体系见表5-1。

在表5-1的指标体系中，城市营销指数表现为五个一级指标的复杂互动关系。如图5-1，基础建设的测度（基础指数）、营销沟通的测度（推动指数）、网络营销的测度（趋势指数）、营销

表 5-1　城市营销指数（CMI）指标体系

主题层	次主题层	指标层	数据层
城市品牌强度	品牌吸引力	区位吸引力	行政区位、经济区位
		美誉度	国际荣誉数量、国内荣誉数量、是否为全国文明城市
	品牌关注度	国际关注	标题新闻数量
		国内关注	标题新闻数量
	品牌独特性	文化资源	文化遗产数量、非物质文化遗产数量
		历史积淀	建城史年限
		文化活力	文化产业从业人数
		企业形象	中国驰名商标数、中华老字号数、国家地理标志产品数
	文化包容性	文化辐射	港澳台企业数、外资企业数
		文化多样	少数民族数量、少数民族人口占比
		社会包容	流动人口比例
	品牌规划与管理	设计专业性	VI标识专业性
		品牌整合	城市品牌定位的统御性
		定位实质	价值或个性描述
		定位相关	与城市远景战略的相关性或根植性
		品牌元素	市花、市树、市鸟、吉祥物、市歌等
		定位一致	连续两年来城市品牌定位的一致性
		品牌保护	城市品牌注册保护
城市基础建设	公共服务	设施基础	机场、铁路、公路的客运吞吐量和货邮吞吐量、人均道路铺装面积

续表一

主题层	次主题层	指标层	数据层
城市基础建设		生活便利	万人拥有邮局数、万人移动电话数、万人互联网用户数、万人拥有公交车辆
		文化服务	万人影院数、万人体育场数、百人公共图书馆藏书数
		医疗服务	万人医生数、万人病床数
		教育服务	万人拥有高校、普通中学及小学的数量、每万名普通中学拥有专职教师数
	人居建设	城市绿化	人均绿地面积、建成区绿化带
		环境保护	工业废物处理率、生活污水处理率、生活垃圾无害化处理率、环境污染治理及环境基础设施投资GDP占比
		生活水平	职工平均工资、消费价值指数、恩格尔系数、城镇登记失业率、三险覆盖率
		人居品质	人均居住使用面积、居民人均消费支出
	产业质量	产业基础	社会劳动生产率、社会消费品零售总额、固定资产投资总额
		金融支持	金融贷款余额、金融机构存款余额
		产业载体	产业集群数量、开发区、园区数量及其等级
		产业服务	生产性服务业增加值GDP占比
	创新建设	创新基础	人均财政及教育支出、万人拥有在校大学生数
		创新潜力	各类专业技术人员的数量、各级企业技术中心数量
		创新产出	高新产业产值占比、万人拥有专利数及专利立案数
	旅游建设	旅游形象	定位、标识
		旅游资源	国家和省级重点文物数、A级以上景区数

续表二

主题层	次主题层	指标层	数据层
城市基础建设	公共服务	接待能力	星级以上饭店数
		旅游创新	旅游新项目数
	城市管理	市民参与	公示数量、意见征集数
		区域治理	与其他地区或城市的合作机制数量
		管理效率	万元GDP财政收入、万元GDP财政支出
		管理效果	犯罪率、刑事案件死亡率、交通事故死亡率
城市营销沟通	本地支持	媒体支持	本地报刊数量
		社会支持	本地社会团体数量
	节会营销	节庆活动度	节庆活动数量
		会展活动度	会展数量
	旅游促进	旅游推广	旅游推介会次数（国内）
		传播曝光	标题新闻报道
	投资推广	投资促进	投资推介会次数（国内）
		投资曝光	标题新闻报道
	国际推广	推广基础	国际友好城市数量
		推广影响	相关标题新闻报道
城市网络营销	网站功能	顾客导向	快速通道或绿色通道数量
		服务信息	服务信息类别数量
		相关链接	链接到本地其他城市营销网站
		语言选择	有效语种数量
	网站设计	内容丰富	信息量（主观）
		界面友好	便利性和亲和性（主观）
		设计美学	设计美观性（主观）

续表三

主题层	次主题层	指标层	数据层
城市网络营销	网站互动	用户黏度	网站注册用户数、网站社区论坛帖子数、跟帖数
		功能互动	虚拟手册、城市虚拟地图
	形象展示	形象规范	所有城市营销网站的LOGO及口号
		形象展示	城市主题图片库图片数量
	网络沟通	新闻传播	外部网站报道的标题新闻量
		互动沟通	论坛社区的标题发帖量
		博客营销	城市博客博文数量及其访问量、外网博客报道量
城市营销效益	投资效益	外资投资	外资投资额
		外资项目	外资项目数
	出口效益	出口总额	外贸出口总额
		出口增长	外贸出口总额同比增长率
	旅游效益	旅游人气	入境旅游人次
		旅游规模	旅游总收入
		旅游贡献	旅游总收入占GDP的比重
		旅游增长	旅游总收入增长率

资料来源：刘彦平主编《中国城市营销发展报告（2009—2010）：通往和谐与繁荣》，中国社会科学出版社，2009，第56—58页。

效益的测度（效益指数），是一组既渐次递进又相互作用的城市营销发展绩效，作为城市营销力度的综合体现，与城市品牌形象的测度（品牌强度）形成一个相互作用的系统。

CMI=城市品牌强度×城市营销力度

城市营销力度=城市基础建设+城市营销沟通+城市网络营销+城市营销效益

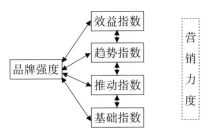

图5-1　城市营销指数关系图示

资料来源：刘彦平主编《中国城市营销发展报告（2009—2010）：通往和谐与繁荣》，中国社会科学出版社，2009，第59页。

二、城市综合竞争力评价指数

通过有效的城市营销可以形成卓越的城市品牌，从而提升城市的综合竞争力。"城市竞争力是指一个城市在竞争和发展过程中与其他城市相比所具有的吸引、争夺、拥有、控制、运营和转化资源的能力；为其居民提供福利和创造美好的生活环境，使居民生活水平提高的能力"[1]。美国哈佛大学商学院教授迈克尔·波特是世界上研究竞争力的著名专家，创立了竞争优势理论，在《国家竞争优势》一书中，从国家产业竞争力的角度研究了国家竞争力，同时他声称，他的关于国家竞争优势的理论同样适用于次级经济，即区域经济和城市经济。

[1]李怀亮、任锦鸾、刘志强主编《城市传媒形象与营销策略》，中国传媒大学出版社，2009，第241页。

如果将波特的"钻石理论"移置入城市经济理论中，我们可以得到城市竞争力保持优势的四个基本因素：①要素条件，主要是发展的高级要求，如提高劳动者技能、建立科技机构和信息网络；②需求条件，包括市场开放性的质量，市场开放性是企业对国际市场变化的迅速反应，质量表示市场需求对企业产品的技术、质量的更高要求；③相关和支持性产业，指某种产业在国内是否具有相应的支持产业，并且具有国际支持能力，包括加工机械、原材料和零配件等；④企业战略、企业结构和同业竞争状况（图5-2）。

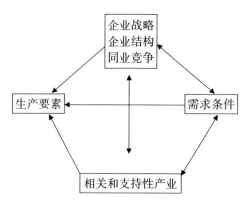

图5-2　据迈克尔·波特的"钻石理论"得到的城市经济理论

1998年，世界经济论坛《全球竞争力报告》中公布了波特以国家竞争力为基础的微观经济竞争力指数，波特理论开始用于评价中，他的这种评价方法同样适用于城市竞争力评价。波特的微观竞争力评价指标体系由企业经营与战略、微观经济环境两大类46个指标构成（表5-2）。

表5-2 波特的微观竞争力评价指标体系

类型		评价指标体系指标构成
企业经营与战略(8项)		竞争优势、价值链特性、国际营销渠道、国际名牌、创新能力、区域贸易、员工培训、国际经营战略
微观经济环境(38项)	反映物质环境(25项)	物质基础设施、管理基础设施、信息基础设施、人力资本、科学技术等
	反映需求环境(3项)	顾客偏好、需求规范、公共部门合约开放程度
	反映国内供应环境(2项)	供应商的数量和质量、相关支持产业状况
	反映企业战略与竞争环境(8项)	知识产权保护、行贿受贿程度、对外投资开放程度、国内主要竞争者、关税等进口限制程度、隐蔽进口程度、国内竞争强度、反垄断政策的有效性

根据国内外城市竞争力评价理论，国内相关学者构建了我国城市竞争力评价体系。城市竞争力直接显现性指标有四个，即市场占有率、城市GDP增长率、劳动生产率和居民人均收入提高率。解释性城市竞争力指标分为两大类：城市硬实力（包括1级指标10个，2级指标67个）和城市软实力（包括1级指标4个，2级指标27个）（表5-3）。

表5-3 城市竞争力指标图示

指标	1级指标		2级指标
硬实力	劳动力	劳动力数量	城市从业人员数量
			城市从业人员增加数
		劳动力素质	大学以上从业人员占总从业人员比例
			劳动力平均科技文化综合指数

续表一

指标	1级指标	2级指标	
硬实力	劳动力	劳动力培养教育	中等教育以上学生占全部学生的比例
			从业人员培训人数占总从业人员的比例
			人均教育费财政支出
	资本力	资本实力	城市年末金融机构总贷款余额
			城市总贷款余额年平均增长率
			城市年销售收入增长率
			外汇市场交易指数
			债券和股权交易指数
		金融控制力	国际金融机构综合指数
			国内金融机构综合指数
	科技	科技实力	城市大专院校指数
			科研院所综合指数
			科研费投入综合指数
			高科技创新指数
		科技成果应用	企业科研费占销售收入的比重
			城市高新产品销售占总销售额的比重
			高新产业综合指数
	设施	基础设施	城市基础设施综合指数
			城市现代交通设施综合指数
		社会基础设施	城市文化卫生综合设施指数
			城市通信信息设施综合指数
			城市商业基础设施综合指数
	结构	产业结构	城市的重点产业产值占城市 GDP 比重
			非农业产值占城市 GDP 比重

续表二

指标	1级指标	2级指标	
硬实力	结构	产业结构	技术密集型产业从业人员占全部从业人员比重
			第三产业产值占城市GDP比重
		企业结构	平均企业年产值
			平均规模以上企业比重
		城市内部空间结构	城市人口密度指数
			产业布局合理度综合指数
	品牌	城市品牌	城市品牌核心价值综合指数
			城市品牌综合指数
		城市形象	城市定位综合指数
			城市形象综合指数
			城市国际影响指数
	区位	资源位	城市自然地理条件赋予指数
			城市矿产资源赋予指数
		经济位	城市经济区位优势度
			城市经济GDP占全国GDP的比重
		政治、科技文化位	城市政治行政级别指数
			城市科技文化中心级别指数
	聚集	产业聚集	产业聚集度综合指数
			产业价值链指数
		企业聚集	外资企业聚集指数
			企业增加数
		人口聚集	城市总人口
			城市人口增长率

续表三

指标	1级指标	2级指标	
硬实力	开放	国际开放	引进外资综合指数
			进出口综合指数
			对外企业综合指数
			对外引进人才指数
			对外经济文化交流指数
			城市贸易对外依存度
			外资占GDP的比重
		国内外旅游	国内旅游综合指数
			国外游客到本城市旅游综合指数
			城市出境游指数
		企业合并	城市企业战略联盟指数
			产业融合指数
	环境		城市空气质量指数
			城市环境综合指数
			城市园林绿化综合指数
			城市环境舒适优美指数
软实力	秩序	经济秩序	经济均衡性指数
			经济持续快速发展指数
			经济发展安全指数
			经济违法事件发生指数
			经济突发事件发生指数
		社会秩序	社会治安综合指数
			社会稳定和谐指数
			居民幸福指数
	文化素质	市民精神风貌	劳动观念指数
			道德风尚价值取向指数

续表四

指标	1级指标	2级指标	
软实力	文化素质	文化创意素质	创意指数
			竞争指数
			包容性指数
	制度	制度和机制改革	制度创新综合指数
		经济制度	非公有制企业占全部企业的比重
			经济市场化指数
			税收占GDP的比重
		法律法规制度	执法人员占全部从业人员的比重
			法律法规出台项数
			个人权益保护综合指数
	管理能力	政府管理	政府战略指数
			政府工作效率
			管理水平指数
			寻租综合指数
			腐败指数
		企业管理	企业经济效益指数
			企业整体形象

资料来源：李怀亮、任锦鸾、刘志强主编《城市传媒形象与营销策略》，中国传媒大学出版社，2009，第243—251页。

　　另外，城市综合竞争力研究来自中国城市竞争力研究会的"GN评估指标体系"。2009年12月30日下午，中国城市竞争力研究会公布"第八届（2009）中国城市竞争力排行榜"，新闻发布会在香港举行。该排行榜是中国城市竞争力研究会一年一度的重大研究成果，按照该会自主创立的GN评估指标体系，根据翔实的基础资料及大量的调查研究，对包括内地及港澳台在内的中国290个地级以上城市进行评价比较而产生最新研究成果。《GN中国城市综合竞争力评价指标体系》涵盖经济、社会、环境、文化四大系统，由综合经济竞争力、产业竞争力、财政金融竞争力、商业贸易竞争力、基础设施竞争力、社会体制竞争力、环境/资源/区位竞争力、人力资本教育竞争力、科技竞争力和文化形象竞争力等在内的10项一级指标、50项二级指标、217项三级指标综合计算而成。根据这一指标体系，2009年中国城市综合竞争力排行榜（前30名）如表5-4：

表5-4　2009年中国城市综合竞争力排行榜（前30名）

排名	城市	得分	排名	城市	得分	排名	城市	得分
1	香港	4767.164	11	澳门	1782.634	21	昆明	1192.551
2	上海	4552.851	12	青岛	1644.642	22	烟台	1075.862
3	北京	3870.879	13	大连	1625.491	23	厦门	1048.033
4	深圳	3206.028	14	重庆	1569.939	24	郑州	997.577
5	广州	2880.328	15	宁波	1434.556	25	佛山	979.328
6	台北	2772.909	16	东莞	1377.671	26	福州	962.203
7	苏州	2274.059	17	武汉	1361.559	27	济南	951.071
8	天津	2062.505	18	沈阳	1350.661	28	长春	929.076
9	杭州	1823.457	19	无锡	1321.180	29	哈尔滨	885.229
10	南京	1798.006	20	成都	1266.871	30	西安	885.065

城市竞争力测评属于综合评价范畴。它是利用有关统计指标体系数据，以各项相关因素的定量和定性材料，按构建的综合评

价模型，通过数量的计算和比较，求得综合评价值，对被评价对象做出明确的评定和分析，并得出结论。综合评价的方法主要有：综合指数法、功效系数法、最优权法、层次分析法、多元统计分析法、数据包络分析法、模糊综合评价法等。

三、城市竞争力模型

借鉴波特的"价值链"理论和国家竞争力评价的"钻石体系"，瑞士洛桑国际管理发展学院（IMD）的国家竞争力模型将一国的国家竞争力归结为该国在企业管理、经济实力、科学技术、国民素质、政府作用、国际化程度、基础设施以及金融环境等八个方面的表现绩效和本地化与全球化、吸引力与扩张力、资产与过程、冒险与和谐等四大环境要素的相对组合关系。道格拉斯·韦伯斯特（Douglas Webster）将决定城市竞争力的要素分为经济结构、区域性禀赋、人力资源和制度环境等四个方面，并提出了国家政策和人力资源对城市竞争力的影响越来越重要。Linnanaa认为，在网络化时代，一个城市的竞争力是由基础设施、企业、人力资源、生活环境质量、制度和网络中的人员等六个方面的绩效表现来决定的，而发展城市的核心竞争优势对于一个城市的竞争力提升来说是至关重要的。

借鉴产业竞争力、企业竞争力等的评价方法，可以从城市竞争环境（或竞争过程）与城市竞争力的相关角度来评价城市竞争力。如美国丹尼斯提出的城市竞争力概念框架：

$$C=f\ (U,\ N,\ T,\ F)$$

C代表大都市地区的国际竞争力；U代表支撑国际贸易和国际投资等商业活动的当地城市环境；N指影响大都市地区国际竞争力的国家因素；T指国际贸易条约的依附程度；F指当地企业和产业的国际竞争力。他将样本大都市的有关数据代入其数学模型，从而得出样本大都市地区竞争力的得分和排名。英国的Iain-Deas将竞争资本和潜在竞争结果结合起来分析城市竞争力。Begg通过一个复杂的"迷宫"说明了城市绩效的"投入"（自上而下的部门趋势和宏观影响、公司特质、贸易环境、创新和学习能力）和"产出"（就业率和生产所决定的居住生活水平）的关系，将城市竞争力显性要素和决定要素的分析结合了起来。

1.南开大学等各种模型[①]

1998年，郝寿义等人选择了城市的综合经济实力、资金实力、开放程度、人才及科技水平、管理水平、基础设施等六个方面21个指标组成了城市竞争力评价指标体系，对上海、北京等七大城市进行竞争力实证分析。由于分析城市偏少，宏观分析效果并不理想。

2.宁越敏的城市竞争力模型[②]

宁越敏等人结合波特和IMD的国家竞争力模型提出了特殊

①郝寿义、倪鹏飞：《中国城市竞争力研究——以若干城市为案例》，《经济科学》1998年第3期。

②宁越敏、唐礼智：《城市竞争力的概念和指标体系》，《现代城市研究》2001年第3期。

的城市竞争力模型，认为产业竞争力、企业竞争力、综合经济实力、科技实力是构成城市竞争力模型的核心因素，同时城市竞争力受金融环境、政府作用、基础设施、国民素质、对外对内开放程度、城市环境质量等的支撑，并在此基础上构建了39个具体的城市竞争力测度指标体系，但是用该模型的实证研究较少。

3.上海社会科学院的"集散功能体系"

2001年，上海社会科学院对中国10个最具代表性城市首次进行比较研究。该项研究从总量、质量、流量三个一级指标出发，下设14个二级指标和79个三级指标，通过定量分析10个中心城市在经济发展中的集聚和扩散功能的强弱，来体现每个城市的综合实力。该指标体系虽比较适合国内大城市研究，但不包括自然区位优势因素，不够完善。

4.中国城市竞争力弓弦箭模型

中国学者倪鹏飞在其《中国城市竞争力理论研究与实证分析》一书中首先提出了城市竞争力弓弦箭模型，这一模型对于我们评价一个城市的特定产业的综合竞争力是有借鉴价值的。城市竞争力是一个综合的系统，由许多子系统组成，这些众多的要素和环境系统以不同的方式存在，又处在不同的维度和层次上，它们共同集聚，构成城市综合竞争力，决定城市的价值收益。城市竞争力的复杂子系统以其表现方式的不同可概括成两类：硬竞争力系统和软竞争力系统（图5-3）。

城市竞争力=硬竞争力+软竞争力

硬竞争力=人力资本竞争力+资本竞争力+科技竞争力+环境竞争力+区位竞争力+设施竞争力+结构竞争力

软竞争力=文化竞争力+制度竞争力+政府管理竞争力+企业管理竞争力+开放竞争力

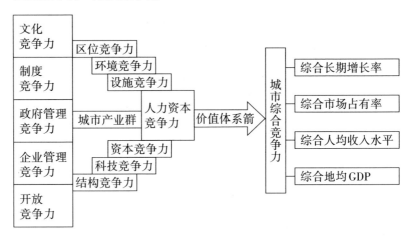

图5-3　倪鹏飞的中国城市竞争力弓弦箭模型

四、城市创意指数

通过上述对城市综合竞争力评价指数的分析，我们可以清晰地了解到文化创意产业已经成为现代国际大都市增强竞争力的生力军，所以对城市创意产业的发展进行科学评估是非常必要的。

（一）国外文化创意产业的测量指标

1. "创新指数"

在前面的理论基础中我们介绍了迈克尔·波特的"创新指数"。具体地说，"创新指数"包含以下九个因素的综合评价：

用于调研和发展领域的人数（包括公共领域和私有领域的研发工作）；用于研发方面的资金投入；对国际贸易和投资的开放程度；保护知识产权的力度；国内生产总值中用于中等及高等教育的份额；人均国内生产总值；整个研发资金中由私营企业提供的份额；由大学来完成的研发项目占所有研发项目的份额；获得的国际专利数。

2. "3Ts"与"欧洲创意指数"

卡内基梅隆大学的地区经济发展教授理查德·佛罗里达认为，一个地方的竞争力可以从其推动创新的能力、吸引人才和如何维持有利于创意发展的环境方面检视。在《创意阶层的崛起》一书中，他提出了"创意指数"的组合因素：高科技指数、创新指数、衡量创意新贵的人数、综合多元化指数（包括同性恋指数、波希米亚指数、人才指数和熔炉指数）。此后，佛罗里达又提出了"3Ts指数"，即"人才指数""科技指数"和"包容指数"。他认为区域性经济增长是建立在这三个指数的基础之上的。创意群体偏爱具有"多样性、包容性和对新兴概念具有开放性"的地区，在这样的创意中心，"必将有较高的创新率、高科技产业阵容、就业机会以及经济增长"。具体的衡量依据，我们将在后面一部分中阐述。佛罗里达的这项研究不仅提出了一个相对完整的分析架构，而且在此基础上，还把欧洲14个国家与美国进行了比较，提出了"欧洲创意指数"，具有很强的参考价值，被世界各地的学者广泛接受。

  "3Ts"所指的"技术""人才""包容"这三个因素,对经济发展的评估具体是通过一套指数来实现的。这些指数反映了高科技产业和创意阶层在一个地区的相对集中度,并体现了一个地区的开放性和多样性（表5-5）。

表5-5 "3Ts"的三因素

因素	评估指数
人才	1.一个地区拥有学士以上学历人数占总人口的百分比 2.从事创意产业相关工作的创意阶层人口数量
技术	1.创新指数:人均申请专利数 2.高科技指数:地区的技术相关产业的规模和集中度
包容	1.同性恋指数:地区内同性恋人口占总人口的百分比(间接依据) 2.波希米亚指数:地区内从事艺术创作的相对人口(直接依据) 3.熔炉指数:地区内外来人口的相对比重

  欧洲创意指数的组成与具体量度与以上"3Ts"有着明显的差异（表5-6）：

表5-6 欧洲创意指数的组成与具体量度

指数	量度项目
欧洲创意指数	人才、科技和包容指数的总和得分除以最大可能得分
欧洲人才指数	1.创意阶层:量度创意职业 2.人才资本指数:量度24—64岁持有学士学位或更高学历的人口比例 3.科学才能指数:量度每1000人当中,科学研究员和工程师的人数比例

指数	量度项目
欧洲科技指数	1.创新指数:量度每一万人当中,拥有专利的数目 2.高科技创新指数:量度每一万人当中,拥有高科技专利的数目 3.研究和发展指数:量度研究和发展支出占国内生产总值的百分比
欧洲包容指数	1.态度指数:量度对少数族群的态度 2.价值指数:量度一个国家里包含不同面向的价值系统的价值和态度,例如对宗教、民族、家庭、女权、离婚以及人工流产等问题的态度 3.自我表达指数:量度对自我表达、生活素质、民主、信任、休闲、娱乐和文化的态度

3.创意社区指数

2002年，由硅谷文化提出并启动的"创意社区指数"，从四个方面来测量艺术和文化是如何在硅谷发挥作用的，以及对一个地方的商业与科技创新所做出的贡献。

这四个方面分别是：①成果，包括创意、贡献、社会联通性；②参与，即艺术和文化活动的参与程度；③资产，包括创新资产、基础建设和市民审美；④杠杆，包括创意教育、领导阶层、维持创意的文化政策和投资等。

创意社区指数精确地指出了文化基础建设、社会联通性与文化参与，以及推广维持创意的文化政策及投资的价值。它主要收集了意见调查的数据，量度艺术与文化如何在硅谷运作，及其对一个地方的商业与科技创新做出的贡献。

4.创意城市指数

"创意城市"研究的代表人物英国学者查尔斯·兰德利

（Charles Landry）的《创意城市：如何打造都市创意生活圈》提出创意城市的测量指标，其中相当值得介绍的是：都会的活力和生命力。活力是一座城市天然的力量和能源，需要加以集中以形成生命力。创意是活力的催化剂，活力是创意过程的重心。通过革新为城市带来长期效益，这样的做法是充满生命力的。

活力包括活动程度——事物的进行的程度，使用程度——参与、互动、沟通、交流与交易程度，再现程度——如何活动、使用和互动，在内部如何被规划以及在外部如何被讨论。生命力指的是长期的自足、永续性、适应能力和自我再生能力。有必要先增强活力，以便形成生命力。通过创意过程去开发城市的活力与生命力，Landry认为必须兼顾四个方面：经济的、社会的、环境的与文化的。

经济的生命力和活力的测量内容包括人群集中地区的就业、收入与生活水平等状况，每年观光客和访客人数，零售业的表现和地价。社会的生命力和活力的测量内容是社会互动与活动的程度以及社会关系的性质。一个有社会活力与生命力的城市具备下列特色：剥削的程度低、强大的社会凝聚力、不同社会阶层间良好的沟通和流动、市民的优越感和小区的精神、对不同生活风格的容忍、和谐的种族关系以及充满生气的市民社会。环境的生命力和活力分成两个不同的层面。第一是生态永续性的变项，包括空气和噪声污染、废弃物利用和处理、交通阻塞和绿色空间。第二是城市设计方面，包括易读性、地方感、建筑特色、城市不同部分在设计上的联结、街灯的质感以及都会环境的安全、友善与心理亲近的程度。文化的生命力和活力则是与城市和其居民的维护、尊重和庆祝有关，包括身份认同、记忆、传统、小区庆典以及能够表现城市特色的物品等的生产、分配和消费。创意城市的活力与生命力，可以根据九项标准来进行评估：关键大众、多样性、接触管道、安全和保障、身份认同与特殊性、革新、联盟和综效、竞争力、组织能力。这些标准需要通过下面四个方面来检视——经济的、社会的、环境的以及文化的。关键大众指的是人数的适当门槛，其形成让活动得以顺利开展，产生增强效果与群聚效应。保障指的是持续、稳定、舒适和缺乏威胁。接触管道指的则是便利性和机会。

5.新指标

联合国教科文组织旨在开发一系列衡量亚太地区文化产业"驱动器"的新指标，这一系列指标与以下一系列驱动器相关联。

人力资本：如总体教育水平、有关创意技能和知识的教育及职业培训、创意人力等。

技术发展：如创新能力、信息构造的实用性。

市场需求：如居民购买力、其他部门对创意产品和服务的使用、国内消费模式及出口。

行政机构：包括法律、制度和金融方面。

6.新西兰文化指数

新西兰文化指数是由新西兰统计署和文化遗产局共同进行的

文化统计计划中的一部分，包括五个大类：就业、自我认同、多样性、社会合力以及经济发展。通过数据统计，得出了新西兰2006年文化发展的总共十个结果。其指数偏向于朝向文化发展未来的战略性和可持续发展性层面。

（二）我国香港创意指数研究：5C模型

香港创意指数（HKCI）是一个全新的、旨在衡量香港创意情况和决定创意发展因素的统计性框架。这不仅衡量创意的经济产出，而且衡量有助于创意产业发展的创意活动和决定性因素。香港的研究者认为，创意是一个社会过程，它因价值观、规范、实践和结构与制度资本、人力资本、社会资本、文化资本发展等因素而发展，并受其制约。这些不同的资本形式的累积效应和相互影响是可以衡量的"创意成果"。

这个模型的主要特征是：四种资本形态是创意增长的决定因素，这些决定因素互动的累积影响，是创意的展示，并以效益和产物的形式呈现。

创意、经济及社会之间的动态关系：创意指数旨在捕捉创意的不同范畴及其对本地经济和社会的影响，为分析家和政策制定者提供一种以成果效益为单位来评核创意社会表现的工具，同时也验证那些提升创意增长的主要促成因素及发展的相对优势或缺失。

下面我们对5C模型中的各项指数简要地介绍一下。

创意成果主要覆盖的范围：创意产业的经济贡献、投身创意产业的劳动人口范围、创意产业的贸易总额、电子商贸的经济贡献、商业层面的发明能力、以专利证书申请为单位的革新活动、在创意领域和艺术与文化方面的创意活动。

"创意成果"中有三个副指数，分别是创意的经济贡献、经济层面的富有创意的活动、创意活动的其他成果，其中包含17个指标。

结构、制度资本：由"法律制度""贪污程度""表达意见的自由""资讯及通信科技基础""社会及文化基础建设""社区建设""金融架构""企业管治"八项社会状况组成。这八个副指数又由23个指标构成。

人力资本：人力资本指数由三个副指数组成。首先，透过量度研发支出和投放于教育上的公共开支，我们能够量度一个社区造就"知识库"的程度。其次，以研发人员的规模和具有较高学历的人口数目，证明一个社区的成长和知识劳动人口的可达性。最后，香港研究人员通过人力资本的人口流动，能够得出不同社会状况对文化交流、技术与知识交流的诱因。人力资本质量的发展，强化了其他资本的强项，对集体创意增长有所贡献。这三个副指数由11个指标组成。

社会资本：指的是包含特定地方人群的社会网络。这一指数与"宽容指数"是有相似点的。香港研究者就下列范围收集资料并建立指数：

一般信任、制度信任、互惠原则、功效意识、合作性、接受多元化和包容的程度、对人权的态度、对外地移民的态度、对现代价值的支持、自我表达、政治活动的参与、社会活动的参与。

除了量度人的习惯、价值和他们对社区事务的参与，香港所做的数据架构通过量度慈善捐献及公共部门在社会福利方面的开支，来捕捉社会资本在社区的发展情况。这些指标不但说明了社会资本发展可用资源的程度，而且证明了公共部门、团体、私人对社会资本发展的参与。具体由三个副指数21个指标组成。

文化资本：衡量文化资本的数据结构与社会资本的框架十分接近。它包括了一个社区文化资本的三个方面。首先，香港创意指数通过衡量文化领域中的公共支出和企业捐赠来检测公共部门、企业支持艺术和文化发展的资源；其次，因为目前尚无法掌握个人可处置的艺术和文化收入的情况，香港创意指数使用"家庭在选定的文化产品和服务领域的支出"作为替代品，来反映社区在艺术和文化上的投资；再次，对于文化规范和价值的衡量，很大程度上取决于人们对创意的态度以及对艺术、艺术教育和人权保护方面的重视程度。量度文化资本的架构由三个副指数16个指标组成。

（三）我国台湾文化指标体系（TWCI）

台湾文化指标计划由台湾文建会委托台湾智库研究，希望借由文化指标体系的建构，协助文化政策的推动，让政策制定者、执行者与文化界相关工作者有一套便利的沟通工具，并与联合国文化统计和大陆文化统计接轨，协助分析与搜集相关资料。

在价值方面，有鉴于每一个社会的文化背后都隐含着一组价值体系，TWCI提炼出台湾社会的六个核心价值：培力，关于文化专业人员、职工等属于人与文化环境层面的价值；创造力，关于作品与创作的价值；文化积累，与广义的文化资产精神相扣；可亲性，与社会各阶层接触文化的机会；开放性，强调不同文化族群的对话和交流；多元共存，主要谈不同文化的尊重和包容，尤其是弱势文化以及生态多样性。

（四）我国大陆对文化创意产业测度的研究现状

1.上海城市创意指数

2006年7月，上海发布了内地首个创意产业指标体系《上海城市创意指数》。该指数由上海创意产业中心根据统计局公布的数据，组织国内外专家、学者历时一年编制而成。据说是参考了发达国家和地区的创意指数体系，并结合了中国国情和上海的自身特点。

上海城市创意指数有五大指标体系：

产业规模：包括创意产业的增加值占全市增加值的比重和人均GDP，共两个分指标。

科技研发：主要包括研究发展经费支出占GDP的比值、高技术产业拥有自主知识产权产品实现产值占GDP的比值等六个分指标。

文化环境：主要包括家庭文化消费占全部消费的百分比、公共图书馆每百万人拥有数、艺术表演场所每百万人拥有数、博物馆、纪念馆每百万人拥有数等九个分指标。

人力资源：主要包括新增劳动力人均受教育年限、高等教育毛入学率、人均高等学校在校学生数等七个分指标。

社会环境：主要包括全社会劳动生产率、社会安全指数、人均城市基础设施建设投资额等九个分指标。

从中我们可以看到，产业、人、软环境等，都在上海创意指数的考虑范围内，甚至细分到社会劳动生产率、社会安全指数、人均城市基础设施建设投资额等方面。

2. 中国人民大学发布《中国三十一省区市创新指数研究报告》

创新指数包含创新资源、攻关能力、技术实现、价值实现、人才实现、辐射能力、持续创新和网络能力等八个创新要素，下设39个具体指标。指数显示，北京和上海的自主创新能力在中国31个省（区、市）中处于制高点水平，两市的创新能力指数并列全国第一。这是中国首次对各地的创新能力进行排名。

此外，该课题组还将北京、上海与一些发达国家和发展中国家的发达地区以及中国的台湾、香港地区进行比较，发现北京的创新资源投入已接近甚至超过多数发达地区，但在国外投资和高技术产品出口方面仍有不小差距，综合产出的能耗较高，生产率有待提高。上海在创新投入和教育投入比例上差距明显，但创新产业的支持水平高；外国直接投资存量和高技术产品出口已接近或超过部分发达地区。

3.卫星账户测量法

卫星账户是一个用来组织、分析与特定产业相关的所有数量信息的工具，其目的是提供一个反映该产业最重要特征的知识体系，从而能将该产业的分析与对整个社会、经济系统的分析联结起来。作为国民账户的重要补充，卫星账户提供了一个更好地分析创意产业对国民经济贡献的分析工具。创意产业卫星账户是在国民账户之外，按照国际统一的国民账户概念和分类要求单独设立的一个虚拟账户。它将所有由对创意产品的消费而导致的产出部分分离出来单列入这一虚拟账户，以便尽量准确地检测创意产业对经济的贡献。

创意产业卫星账户主要有以下三个方面的内容：①创意产品的供给，主要反映在哪些是创意产品，人们主要消耗的创意产品是什么，这些产品由哪些产业生产；②创意产品的消费，反映了居民、政府、企业等对创意产品的消费支出以及在不同创意产品上的支出类别；③创意产业中的经济活动单元在生产过程中所创造的增加值、所吸收的就业等。

4.文化产业国际竞争力评价体系

祁述裕在主编的《中国文化产业国际竞争力报告》中，依据一些经济理论提出了文化产业国际竞争力系统（图5-4）。

在这套系统中，建立了由三大模块五大要素17个竞争面和67个竞争力评价指标反映的文化产业竞争力的综合评价指标体系，具体见表5-7。

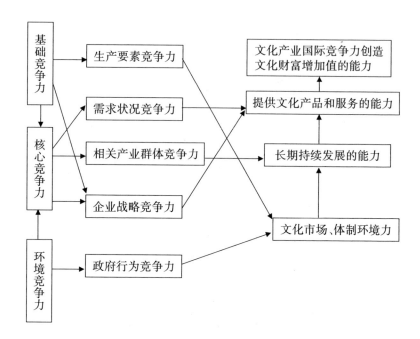

图5-4 文化产业国际竞争力系统

表5-7 文化产业竞争力的综合评价指标体系

要素(5个)	方面(17个)	评价指标(67个)
生产要素	人力资源	人口数
		城市人口比重
		成人识字率
		大学生粗入学率
		国民对新的挑战有充分的灵活性和适应性
	文化资源	人文发展指数
		世界文化和自然遗产项数
		对文化资源和自然遗产的开发利用程度
	资本资源	上市公司总市值占GDP的比重
		本国文化对外资的吸引力

要素(5个)	方面(17个)	评价指标(67个)
生产要素	资本资源	国外直接净流入投资
	基础设施	环境可持续发展
		社会资本
		社会价值观有利于本国文化产业竞争力提高
		文化活动的基础设施建设
		每千人拥有移动电话
		国际互联网站普及率
		每千人拥有个人电脑
		一般基本建设
需求状况	需求结构	人均GDP
		人均国民生产总值增长率
		第三产业占国内生产总值的比重
		1993—2002年年均经济增长率
	消费者行为	文化消费者的成熟度
		国民消费率
产业集群	信息产业	信息化状况
		网络就绪指数
		信息基本建设
		硬件、软件及支持系统指数
	教育产业	公共教育经费支出占国内生产总值的比重
		初等、中等和高等教育入学率
	旅游产业	国外旅游者到达人数
		国际旅游收入
	其他相关产业	与文化产业相关的产业发展状况
企业策略	营运基础	文化创作、经营人才的整体素质

续表二

要素(5个)	方面(17个)	评价指标(67个)
企业策略	营运基础	商务环境质量
		电子商务
		文化企业的管理水平
	企业运作	企业运作与战略整合
		文化品牌的知名度
		现行文化企业的产业化程度
		文化企业的市场规范程度
		文化产业的集中度
		文化产业的创造性
	竞争对手	文化产品在国际上的影响力
		文化产品在国际上的受欢迎程度
		货物和服务出口占国内生产总值的比重
		出口货物占GDP的比重
		进口货物占GDP的比重
		版税和许可证服务出口额
		个人、文化和休闲服务出口额
		全员劳动生产率
政府行为	政府效率	中央政府财政收入占国内生产总值的比重
		电子政务
		政府盈余或赤字占GDP的比重
	政策与信誉	文化产业政策的透明度
		文化产业政策的法律健全性
		文化产业政策的科学性
		国家信用率
		腐败指数

要素(5个)	方面(17个)	评价指标(67个)
政府行为	政策与信誉	合约和法律指数
	政府推销	民族文化的国际交流程度
		民族文化对外国文化的开放度
		政府知识产权保护度
	政府创新	国民创新指数
		每百万人拥有科学家和工程师
		研发经费占国民生产总值的比重

5.北京市文化创意城市测度指数系统

北京市文化创意城市测度指数系统由文化创意资本、人力资本、社会资本、政策资本、科技资本、联动资本构成，由中国人民大学金元浦团队设计。该测度指数模型如图5-5。

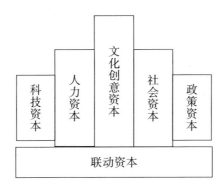

图5-5　北京市文化创意城市测度指数模型

（1）文化创意资本。文化创意资本指标设置的出发点是既要反映文化创意产业的产业现状及其对城市经济的贡献，又要对城市文化创意资本的开发情况做出描述。其副指标包括两个方面：

其一是文化创意产业的产业规模，通过评估以衡量产业内部已形成的文化创意资本对经济的贡献；其二是文化创意资本，通过对其开发状况的考量以揭示潜在的文化创意资本的存在，并对其进一步发展做出预测。主要体现为描述功能、评价功能和预测功能。

（2）人力资本。人力资本指标的设置是从创意个体本身的构成特征、创意个体的流动两方面来综合考虑文化创意产业发展中的人力成本问题。我们认为从业人员的文化水平和专业素养在一定程度上反映了该行业的专业水平。同时，对由于人才流动（创意产业的人才流动性明显高出其他行业）带来的成本进行估算，再结合创意个体对经济的贡献，我们建构了一个点线面结合的人才测评机制。主要体现为描述功能、解释功能和检测预警功能。

（3）社会资本。社会资本指标设置的出发点是文化创意产业存在发展的社会氛围。这涉及对新事物的产生和接受的社会氛围的评价，而这种社会氛围成为北京在保持吸引文化创意人才的文化环境方面所蕴含的潜力的量度基础，其下设有两个副指标。其一，由于文化创意产业是强调通过具有创造性的行为和产品获得利益的经济行为，产业的发展往往突出创新的价值与意义，因此对社会包容度有较高要求。其二，是居民对艺术、文化活动及文化创意产业的价值认知，这种认知可以从文化消费在日常生活中的重要性和市民对知识产权的态度中反映出来。主要体现为描述功能、解释功能和预测功能。

（4）政策资本。政策资本指标的设置是用于衡量该地区文化创意产业发展的政策环境，这种资本体现在政策的制定和实施两方面。政策的制定是指由政府主导制定并颁布实施的具体产业政策，实施则是强调政策绩效。政策资本指标由政府对文化创意产业的支持力度和社会对相关政策绩效的评估两方面构成。前者强调政府从财政上对文化创意产业的投入与支持，以及政府的引导职能的体现；后者主要关注政策的实施效率和效果。政策资本指标主要体现为描述功能、解释功能、评价功能和检测预警功能。

（5）科技资本。科技资本指标设置的出发点是凸显技术在文化创意产业中的重要意义。测度可以从两个方面入手，一是该城市（地区）用于科研的资金及其创造的增加值；二是专利技术方面的资本，即专利创新资本。前者反映了城市和整体产业中科研的重要性；后者是评估具有创新性的专利技术在产业中的转化程度。其下属指标要体现该城市对高科技的重视程度、成果的拥有和产业转化程度。科技资本指标主要体现为描述功能、评价功能和检测预警功能。

（6）联动资本。联动资本指标设置的出发点是文化创意产业所具有的强辐射性，这种辐射性不仅仅是产业发展到一定程度源自产业内部的需求，也是其客观上所具有的社会关联性的体现。联动资本主要体现在产业联动与社会联动两个方面。其一，它关注个人与团体、团体之间以及产业链条上的各个环节的关联和互动程度。通过评价创意企业内部的凝聚力、行业合作精神与能力、产业辐射力，体现创意产业链条的成熟度，并对其发展潜力做出评估预测。其二，是文化创意产业突破具体的产业分类对我们文化生活和社会事务的影响。这是发展文化创意产业促进社会文化价值和氛围提升的重要体现。联动资本指标主要体现为描述功能、解释功能、评价功能和预测功能。

表5-8　北京市文化创意城市测度指数及加权系数

维度	各项资本	副指标	测度指标	因子加权系数	加权系数
创意城市	文化创意资本	文化创意产业的产业规模	文化创意产业总资产	0.12	0.2
			文化创意产业增加值	0.12	
			文化创意产业的总产值占本地GDP总量的百分比	0.14	
			文化创意产业年利税总额	0.12	
			文化创意企业的数量比例	0.1	
			文化创意产业服务贸易占城市整体出口的比重	0.09	
			文化创意产业产品服务占城市整体进口的比重	0.09	
		文化创意产业的文化资本	城市中已开发的文化资源占可供开发的文化资源的比重	0.12	
			本地主要文化创意产品的国际市场占有率	0.1	
	人力资本	人力资本构成	文化创意产业从业人员占就业人口总数的比例	0.2	0.2
			城市中具备高等教育程度的人口比重	0.15	
			该行业从业人员接受高等教育的比重	0.15	

续表一

维度	各项资本	副指标	测度指标	因子加权系数	加权系数
创意城市	人力资本	人力资本构成	该行业每个全职员工的平均销售收入	0.2	0.2
		人力资本的流动	城市外来人口占行业就业人口比例	0.1	
			人力资本成本指数	0.2	
	社会资本	社会包容度	对自由表达和自由创作的基本评估	0.1	0.15
			对特异性创意的接受程度	0.1	
			对传统精神的认知	0.1	
			对现代价值的支持	0.1	
			对外地移民的态度	0.1	
		对艺术、文化活动和文化创意产业的价值认知	家庭文化产品和服务消费占家庭总体消费的比例	0.15	
			对艺术及文化活动价值的认知	0.15	
			对文化创意产业的认知	0.1	
			对购买盗版的道德价值认知	0.1	
	政策资本	政策支持力度	地方财政中用于公共文化生活的支出占GDP的比值	0.2	0.15
			文化创意产业财政补助占全部财政支出的比重	0.2	
			文化创意产业基建投资额	0.2	
			政府组织行业交流的频率	0.2	
		政策绩效评估	对相关政策实施效率的认可程度	0.1	
			对政策支持效果的认可程度	0.1	

续表二

维度	各项资本	副指标	测度指标	因子加权系数	加权系数
创意城市	科技资本	科研资本	科技研发支出占GDP的比重	0.2	0.15
			技术产业增加值占文化创意产业增加值比重	0.2	
		专利创新资本	该城市(地区)专利申请占全国专利申请总数的比重	0.2	
			该城市(地区)专利权人均拥有量	0.2	
		专利创新资本	高技术产业拥有自主知识产权产品实现产值占该城市GDP的比重	0.2	
	联动资本	产业联动	团队内部价值观念的认可和接受程度	0.15	0.15
			行业内部与相关团队的关联度(竞争或合作)	0.15	
			产业链上与相关环节的关联度	0.15	
			相关生产型服务业的配套关联度	0.20	
		社会联动	文化建设与文化创意产品结合的程度	0.15	
			文化活动与社区服务结合的程度	0.1	
			文化活动的共同参与度	0.1	

第六章　全球城市的评价测度 与全球城市指数设计

一、"全球城市"的评价体系

如何去构建这样一个内、外结构相协调的高质量的"全球城市"，有一点我们必须搞清楚，即怎样的城市才算得上是"全球城市"，基于对国际化大城市概念的不同理解，诸多学者都提出了各自的一套指标。

（一）弗里德曼、科恩和萨森的评价体系

弗里德曼的评价体系主要是基于WST理论，伊曼纽尔·沃勒斯坦（Immanuel Wallerstein）通过吸收传统的马克思主义政治经济学观念、年鉴学派的长时段分析方法，建立了世界体系论学派。在他的理论中，作为一个整体的资本主义世界经济体系，依赖于不平等的国际劳动分工和商品交换，塑造了捍卫跨国资本利益的国家体系。根据WST理论，几百年来的世界被划分成核心区与边缘区，处于核心区的国家与边缘区的国家具有不同的财富和影响，核心区剥削边缘区。虽然WST理论是建立在马克思主

义理论基础上，但马克思主义主要强调国家内部的资本主义的影响，而 WST 则强调资本主义的国际影响。处在核心区的国家（如英国、法国等），通过殖民对边缘区的原料掠夺、劳动力的剥削取得对边缘区的支配地位，核心区的国家或公司通过对边缘区的剥削实现超额利润。

经济学家科恩的"跨国指数"和"跨国金融指数"方法，是分析美国一些城市在全球城市等级体系中的位置时提出的。他认为只有当这两个指标均位于前列的时候，这个城市才能被认定为"全球城市"。

对这两项指数进行综合评估，从全球范围看，只有纽约、伦敦、东京在两项指标中均居前三位。因此这三个城市属于全球城市，而巴黎、莱茵—鲁尔城市带、大阪、芝加哥、法兰克福和苏黎世的等级低于上述三个城市。

萨森从经济全球化的角度，将全球城市看作各类国际市场的复合体，是外国公司的主要集聚地和向世界市场销售生产性服务的主要集散地。同时因为这些城市在全球经济的运作中发挥着重要的作用，所以全球城市也应当是国际性不动产市场最重要的所在地。为此，她提出全球城市应是"主导性的金融中心""主导性的国际货币交易中心""国际性不动产市场"。萨森用这三项要求分别对 17 个最大城市和城市圈的跨国公司总部数量、资本数量、股票价值总量、房地产项目等进行比较分析，得出纽约、伦敦、东京是名副其实的全球城市。Castells 非常强调国际城市与全球各地的流量（例如信息、货币、人口、物资等流动），指出世界城市的产生与再发展是通过其流量而不是它们的存量凝结来实现的。Godfrey 和 Zhou 建议在确认全球和地区中心时，不仅要考虑跨国企业总部的数量，跨国企业分公司的因素也需考虑在内。

（二）彼得·霍尔的评价体系

英国科学院院士、英国地理学家、世界级城市规划大师彼得·霍尔（Peter Hall）1966 年在其著作《国际化都市》（*The world cities*）中对国际化都市这一概念做了经典解释："国际化都市指那些已对全世界或大多数国家产生全球性经济、政治、文化影响的国际第一流大城市。具体包括：主要的政治权力中心；国际贸易中心，拥有大的港口、铁路和公路枢纽以及大型国际机场等；主要金融中心；各类专业人才集聚的中心；信息汇集和传播的地方，有发达的出版业、新闻业及无线电和电视网总部；大的人口中心，而且集中了相当比例的富裕阶层人口；娱乐业成为重要的产业部门。"在《国际化都市》中，他详细研究了伦敦、巴黎、纽约、东京、莫斯科以及德国莱茵—鲁尔区、荷兰兰斯塔德区七个国际化都市。

那么，该如何看待中国城市的发展呢？彼得·霍尔在接受中国记者采访时认为，中国城市的发展已经赶超了欧洲城市发展的进程，打破了一系列世界纪录。一个特点就是经济发达区域，如长江三角洲、珠江三角洲以及北京周边地区出现了区域化的城市集群，或者叫城市带。这些城市和西方的发达城市一样，越来越多地融入世界经济之中。而且这些城市群还出现了分工，以产业结构的特点与规模能力，形成多个经济或产业中心。在这些城市里聚集着许多人，不同阶层的人正在通过不同的阶段，肩并肩地前进。

在闹市商业区，人们可以看到光灿灿的新建高层写字楼，全球性公司向人们提供各种高级商业服务；沿着动脉般的高速公路，漂亮的郊区工厂正在大批制造消费品；在城郊接合部，也有在城乡间过渡与谋生的打工人群，这些人靠打零工、卖小玩意儿度日，在努力拼争中做着他们的城市梦。可以说这种城市同时处于第一世界和第三世界的跨时空状态中。

作为一个发展中国家，中国不少地区的城市也有上述特征。城市是工业化的产物，而中国的城市，有类似200年前的英国工业革命初期城市的发展过程与功能，不同的是，今天在全球化背景下是一个"世界工厂"。这些城市对外来投资非常有吸引力，因为同发达国家相比，能以较低的工资提供受过良好教育和培训的劳动力，而且经济上的成长，正在为耐用消费品产生庞大的国内市场，这是中国城市的经典处境。

在英国的东南部，伦敦构成了二三十个城市的核心。我们曾分析了伦敦、巴黎、东京和纽约，这些超大的核心城市都是由金融和商业、政府、能源、旅游和文化产业这四个因素驱动。这些不同的部门联系在一起形成一种合力，对全国、全世界的市场产生影响。城市有一种特定的中心辐射能力，能向自己所在的城市群，或所处的城市带上的其他城市提供商业服务。而中心城市的其他功能被转移到周边城市，构成城市与城市间的分工，形成在一个网络结构下的产业链或价值链。今天的中国，长江三角洲就是一种这样的图景。上海是枢纽、核心，提供了金融服务，实际上也组织了制造业，而其他城市各有不同的功能。这事实上是一种分工，使区域内各城区发挥协同效应。在珠江三角洲，香港是一个核心城市。它把制造业转向珠江三角洲甚至更远的其他地区，成为一个组织型的城市，可以提供专业的银行服务、运输服务。广州是个快速发展且逐步成为可与香港相提并论的城市，也有这方面的功能。

就像在欧洲一样，相当多的转移会出现。城市的演化非常快，一部分人面临失业的危险，这就需要整个城市增加投放学习的机会，促使人们在城市急速变化时能适应、跟上城市的变化，让他们在服务性的城市中找到自己的定位。这不是一件容易的事，即使是对今天的伦敦来说也是一个挑战。城市群做大了，就会成为越来越多的中心，同时区域内的运输成本也会相应提高，这些都是城市群在发展中带来的影响，我们必须关注这些问题与影响，从而思考城市给我们带来的影响。

彼得·霍尔认为，中国的"长三角""珠三角"要经过这样的阶段：从低级制造业（皮鞋、小家电、塑料制品）到高级制造业（电脑、汽车），最后迈向高级服务业（金融、贸易、咨询），成为区域服务中心，进而延伸到东亚，这个过程可能需要25—

30年。

但是发展带来的问题是，外来投资总是要转移到成本更低的国家和城市，这种不断转移对原有的计划造成冲击与挑战。不少拉丁美洲和亚洲的国家在工业化过程中，已经尝过苦头。如何应对这种挑战？关键出路在于：要不断升级到高一级的东西，迈向复杂的生产层次，从粗加工到高级制造，然后进入高级服务领域。这样一来，这批中国城市就都异乎寻常地进入了快速变化的状态中，似乎是一口气完成了各个经济发展阶段。这给发展的平衡带来了挑战，也带来了新的课题。

（三）"全球化和世界城市"研究小组（GaWC）的研究方法

英国拉夫堡大学"全球化和世界城市"研究小组（GaWC）作为全球权威的世界城市研究中心，创造了一种以数量方式研究世界城市网络的方法。其大多数研究是关于城市内部结构和城市间相同性的比较分析。这个研究小组的负责人，拉夫堡大学经济学教授彼得·泰勒认为：世界城市网络是在高级生产性服务业的全球化进程中，国际城市之间形成的关系。世界城市网络的形成被模型化为全球服务性企业通过日常业务"连锁"城市，而形成的一种连锁性网络，跨国公司是此连锁过程的代理人。一个城市融入世界城市网络的程度往往反映了这座城市的国际化程度，也与城市未来发展前景相关。彼弗斯道克（Beaverstoek）和泰勒共同发表的《世界城市名录》一文，提出了用现代服务业中的财务、广告、金融和法律等四大产业来区分城市的地位和作用，划分全球城市。他们列出四大产业全球排名前几十位的跨国企业，考察它们子公司和分公司在世界城市的分布情况，根据公司个数的多少将世界城市划分为三个层次：10个阿尔法（Alpha）级城市，10个贝塔（Beta）级城市，35个伽马（Gamma）级城市。[1]

研究团队根据泰勒提出的嵌套网络模型，使用世界城市中全球生产服务企业的机构数间接测度城市间的联系，并计算反映城市的网络连通度（即城市融入世界城市网络的程度）的指标，据此将世界城市划分为不同级别。2008年，这项排名把世界城市分成"阿尔法"世界城市（含四个排名子项）、"贝塔"世界城市（含三个排名子项）和"伽马"世界城市（含三个排名子项），并对世界城市进行了"高度自给自足"或"自给自足"的分类。

如作为全球服务中心的世界城市被定义为阿尔法城市，而阿尔法城市又分为四个级别：阿尔法++城市，指比其他所有城市都更高程度地整合于世界城市网络；阿尔法+城市，指其他一些高度整合于世界城市网络的世界城市；阿尔法城市，指那些将主要经济区域或国家连接到世界经济体系中的重要的世界城市；阿尔法-城市，指那些次一级将主要经济区域或国家连接到世界经济体系中的重要的世界城市。

2008年，该项研究的阿尔法、贝塔和伽马世界城市的排名

①J. V. Beaverstock a，R. G. Smith b，P. J. Taylor a，"A roster of world cities，" *Cities*，16（1999）：445—458.

如下:

"阿尔法世界城市++"包括伦敦、纽约。

"阿尔法世界城市+"包括香港、巴黎、新加坡、东京、悉尼、米兰、上海、北京。

"阿尔法世界城市"包括马德里、莫斯科、首尔、多伦多、布鲁塞尔、布宜诺斯艾利斯、孟买、吉隆坡、芝加哥。

"阿尔法世界城市-"包括华沙、圣保罗、苏黎世、阿姆斯特丹、墨西哥城、加尔各答、都柏林、曼谷、台北、伊斯坦布尔、罗马、里斯本、法兰克福、安曼、斯德哥尔摩、布拉格、维也纳、布达佩斯、雅典、加拉加斯、洛杉矶、奥克兰、圣地亚哥。

"贝塔世界城市+"包括华盛顿、墨尔本、约翰内斯堡、亚特兰大、巴塞罗那、旧金山、马尼拉、波哥大、特拉维夫、新德里、迪拜、布加勒斯特。

"贝塔世界城市"包括奥斯陆、柏林、赫尔辛基、日内瓦、哥本哈根、利雅得、汉堡、开罗、卢森堡、班加罗尔、达拉斯、科威特城、波士顿。

"贝塔世界城市-"包括慕尼黑、吉达、迈阿密、利马、基辅、休斯敦、广州、贝鲁特、卡拉奇、杜塞尔多夫、索菲亚、蒙得维的亚、尼科西亚、里约热内卢、胡志明市。

"伽马世界城市+"包括蒙特利尔、内罗毕、布拉迪斯拉发、巴拿马城、钦奈、布里斯班、卡萨布兰卡、丹佛、基多、斯图加特、温哥华、萨格勒布、麦纳麦、危地马拉城、开普敦、圣何塞、明尼阿波利斯、圣多明各、西雅图。

"伽马世界城市"包括卢布尔雅那、广州、珀斯、加尔各答、瓜达拉哈拉、安特卫普、费城、鹿特丹、阿曼、波特兰、拉各斯。

"伽马世界城市－"包括底特律、曼彻斯特、惠灵顿、里加、瓜亚基尔、爱丁堡、波尔图、圣萨尔瓦多、圣彼得堡、塔林、路易港、圣迭戈、伊斯兰堡、伯明翰、多哈、卡尔加里、阿拉木图、哥伦布。

根据彼得·泰勒的观点，过去几年间，以北京和上海为代表的中国内地城市进一步融入世界城市网络，在世界城市中的地位有了明显的提高。

拉夫堡大学"全球化和世界城市"研究小组（GaWC）的研究给了我们重要启示：

其一，它的研究方法简洁明了，可操作性很强。世界上其他城市测量方法，都远比这一研究方法复杂。复杂的原因是难解决信息的可获得性、可采集性是一个极为关键的难题。而这一研究运用现代服务业中的财务、广告、金融和法律等四大产业来区分城市的地位和作用，来划分全球城市（世界城市、国际化城市），是全球化背景下世界城市理论的一种创新与突破。但是在现实中，数据往往很难采集到，现有的数据采集又不能提供适用的、可在国际上通用的数据。而GaWC提出的四大类信息则是国际通用的、可采集的，因而是可信的。

其二，它在整体思路上，适应了当下世界发展的全球化态势，信息和传输成为集中展示一个城市发展层次的关键要素和衡量标准。根据彼得·泰勒的观点，世界城市网络是在先进制造业全球化进程中，国际城市之间形成的关系。世界城市网络的形成被模型化为全球服务性企业通过日常业务"连锁"城市，进而形成的一种连锁性网络，跨国公司是此连锁过程的代理人。一个城市融入世界城市网络的程度往往说明这座城市的国际化程度，也与城市未来发展前景相关。实际上，这是经济全球化背景下运用大数据研究全球城市的最初尝试。从总体上超越了单靠问卷调研和访谈很难全面完成全球城市比较的研究方法，这是一个重大突破。

其三，这一研究对于中国城市的发展也具有重要价值。中国城市在与各国世界城市的比较中，找到发展的定位和层次，找到自身的优势和特色，找到中国城市在建设全球城市、世界城市、国际化城市中的差距、问题、困境，以及探索解决的方法和路径。

（四）西蒙·安浩的城市品牌六边形

品牌城市与城市品牌的研究和测评是世界城市发展的重要关注点。城市品牌是一个城市在推广自身城市形象的过程中，根据城市主导功能的定位，确定自己的核心价值，是由城市的各种资源优势、人文标志、地域特色以及城市的发展规划和战略目标等要素共同塑造而成的，是可以感受到的"神形合一"的城市标志、名称或口号。城市品牌是城市的性质、名称、历史、声誉以及承诺的无形总和，同时也能使目标顾客对城市产生清晰、明确的印象和美好联想。所以城市品牌绝对不能简单地等同于表层的市容、市貌等城市形象，而是一座城市的精神和灵魂。

当代城市品牌形象的建立依靠它在历史中积累的丰富的自然和人文的资源，以及这些资源的持续影响，创意翻新，因时而变。但今天全球化下的城市品牌的创立、营销，将不再仅仅依靠过去时代的自然和历史遗产，而是在当代城市发展理念指导下，依靠对新型文化城市的全面规划、设计、建构、经营。一句话，按照美誉和谐的路径来建造，它需要震撼人心的高端创意。品牌城市能带来巨大的向心力，对品牌形象的向往点燃了每个人内在的文化需求。它吸引信息流、资金流、物资流、人才流，带来时尚消费、创意潮流，引领地区乃至世界的文化风尚。这样，城市的品牌形象影响力就能转化为生产力。

当代城市品牌形象的经营，是要通过城市自我形象魅力的展示，使城市内外、国际国内的人群对其产生良好的心理认同，并产生巨大的马太效应。受到这种传播的扩展效应，公众在面临与该城市有关的活动时，就会产生有利于该城市的情感性选择倾向，无形之中提高了该城市的综合竞争力。

从总体上看，城市品牌形象战略是城市理念、城市环境、城市经济、城市市民行为和城市视觉标志的综合构成体。策划、实施与树立城市形象是一项促进城市发展的眼球—注意力产业。这一产业将产生难以估量的经济推动力，创造出城市的增值价值。

当然，城市形象设计的国际经验表明，城市品牌的建设不是一蹴而就、一劳永逸的。成功的城市形象不仅在于设计的过程，更为重要的是不断推广和创新，从而保证一个城市的品牌从创立到营销，都在一个健康的体系中运转。

总之，品牌城市的魅力在于城市广泛的影响力、普遍的美誉度、巨大的辐射力、强烈的吸引力，以及高度的认同感和强大的竞争力。城市品牌是一个城市的象征，也是一个城市的名片，它体现着一个城市自然的、人文的、历史的、社会的综合实力。城市的品牌也是城市风格、城市特色、城市风俗和生活在这里的城市人的展示，是城市个性的表达，是城市文明的集中体现，是城市整体功能的抽象象征。

那么，如何判断和评估一座城市的品牌，如何设立评估的指标呢？

2006年，城市营销和城市品牌专家西蒙·安浩（Simon Anholt）提出了城市品牌指数（CBI）。这些指数包括知晓程度、地缘面貌、发展潜力、城市活力、市民素质、先天优势等六项一级指标，又称"城市品牌六边形"（图6-1），每个一级指标下又细分为若干二级指标。西蒙·安浩对城市品牌的六个维度模型进行了详细的论述。[①]

---

①西蒙·安浩：《铸造国家、城市和地区的品牌：竞争优势识别系统》，葛岩、卢嘉杰、何俊涛译，上海交通大学出版社，2010，第75—76页。

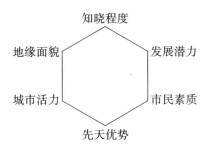

图6-1　城市品牌指标六维度模型

1.知晓程度

这一维度事关城市的国际地位和身份。在此部分中，我们调查了人们对30个城市的熟悉程度，了解了他们是否曾经到访过这些城市，以及是否知道这些城市因何而闻名。我们还会让他们就过去30年中这些城市是否在文化、科技、城市管理水平方面做出重要贡献进行评价。

2.地缘面貌

这一维度探讨人们对城市地缘面貌的认知。环游城市时，户外景色是否优美，是否令人心旷神怡，当地气候如何。

3.发展潜力

这一维度关注城市能为旅游者、商务人士以及外来移民提供什么样的经济和教育机会。他们有多大可能会在该城市找到工作、做成生意、学习深造。

4.城市活力

充满活力的生活方式是城市形象的重要卖点。在这一部分，我们会同游客和常住居民探讨，了解他们是否能被该城市吸引，是否容易在该城市找到乐子。

5.市民素质

城市是由人构成的。在市民素质这个维度中，我们询问受访者是否感受到该城民众的友好热情，或对外来者冷漠、持有偏见。同时，他们是否能较容易地融入与他们使用相同语言及具有同样文化的社区。最后，而且是最重要的，我们了解他们如何评价该城的安全性。

6.先天优势

在这一部分中，我们调查人们如何看待该城市的基础设施质量，生活在该地的感觉如何，是否容易找到令人满意且负担得起的住房，公共设施（如学校、医院、公共交通、运动设施等）的整体水平如何。

安浩认为，与对国家形象的认知和考察一样，城市品牌指数也反映出城市形象在缓慢地上升或下降的态势。这对于发展中国家而言是利与害俱至。一方面，发展中国家的城市找到了一条通过多年发展引起国际关注的途径；另一方面，那些拥有强大品牌优势的城市对于灾难性事件有惊人的免疫力，可以远远抛离同样受影响的发展中国家。而且，每隔一段时间，总有像悉尼和迪拜这样的城市能在短时间内名扬四海。

按初版的城市品牌指数对城市进行排名，伦敦排在首位，紧随其后的是巴黎、悉尼、罗马和巴塞罗那，其他城市的排名详见表6-1。

表6-1　按城市品牌指数（第一版）进行的城市排名结果

城市	排名
伦敦	1
巴黎	2
悉尼	3
罗马	4
巴塞罗那	5
阿姆斯特丹	6
纽约	7
洛杉矶	8
马德里	9
柏林	10
三藩市	11
多伦多	12
日内瓦	13
华盛顿	14
布鲁塞尔	15
米兰	16
斯德哥尔摩	17
爱丁堡	18
东京	19
布拉格	20
香港	21
新加坡	22
里约热内卢	23
北京	24

续表

城市	排名
墨西哥城	25
莫斯科	26
约翰内斯堡	27
开罗	28
孟买	29
拉各斯	30

需要说明的是,安浩对于当下的宣传、炒作深恶痛绝,对所谓的眼球经济之类的观念拒绝认同。他认为:当一个城市在卖力自荐之后形象有所好转,并不一定是广告和营销手段的功劳。广告和营销无非是反映了那些发生在环境、市民素质、政策、发展机会方面的真实变化,或者是帮助世人更快、更全面地了解这些变化。其实,世人迟早都会了解到。

尽管城市品牌调查项目非常有实用价值,但对于许多城市来说,其费用都高得离谱。广告和营销纵有再大的本领也难以为一个糟糕的城市涂脂抹粉。需要重申的是:宣传并不是品牌管理,只是徒费金钱罢了。

与世界城市、全球城市以经济为主的评价体系相比较,安浩的评价指标更关注文化、名声、口碑、素养,因而得出的排名大不一样。如悉尼、罗马、巴塞罗那排名为第三、第四、第五位,而纽约也只排在第七位。在世界城市以经济为主的排名中纽约总是第一,而上述三座城市甚至都不在前列。

二、世界城市指标体系研究

我国在20世纪80年代开始了对城市国际化的研究，对城市国际化评价的指标还主要集中在城市的基础建设方面。最早出现的评价指标出现在中国人民大学舆论研究所会同青岛市政府办公厅1995年邀请60位知名专家学者参与对国际化城市进行的一项"特尔斐法"研究中。最终专家们从中选出的五项"最为关键的指标"（年资金融通总量、年人均生产总值、港口吞吐量、外汇市场日交易量、外贸转口额）以及其余十三项"基本指标"和"参考指标"等，都集中在城市基础建设方面。随着城市现代化建设的不断推进和城市国际化理论研究的不断进步，城市国际化的评价指标开始出现城市现代化基础和国际交流并重的局面，如刘玉芳根据国际化城市的概念和判断标准，提出从经济发展、基础设施、社会进步和国际化水平四个方面综合评价城市的国际化程度。随着我国城市国际化程度和理论研究程度的进一步加深，对城市国际化的评价也逐渐开始集中到注重城市的国际交流方面。沈金箴、周一星认为，判别世界城市的指标可以从以下方面加以综合考虑：国家和国际政治权力、跨国公司总部、国内和国际贸易、全球金融机构、全球专业化服务、全球信息、全球消费、全球文艺、世界性活动、全球交通节点、全球制造中心、城市经济规模、城市人口规模。社科院倪鹏飞博士提出对城市的国际化评价，不仅从城市经济国际开放度评价，还从城市人文国际开放度来评价。经济国际开放度用以下指标衡量：对外贸易依存度、外资占固定资产投资的比重、外企数量占城市总企业数量的比重。人文国际开放度则主要考虑：移民人口指数、外语普及率、外来文化影响度。[1]

从国内外文献看，城市国际化评价研究取得了非常迅速的发展，评价的科学性和系统性在不断提高，但同时也存在一些问题。从评价方法来看，目前主要有综合指标体系和单一指标两种。迄今还没有得到公认的城市国际化评价指标体系、综合指标体系，测量数据不好把握，有失精确，对于城市这样一个复杂的巨系统，用单一指标考察其国际化程度失之偏颇。因为所有的评价标准基本上都集中在经济领域，只有现在才出现了尚不成熟的文化评价标准。虽然评价体系不够完善，但纽约、伦敦和东京却是公认的"全球城市"，这一点足以引起我们的重视，并借鉴其成功经验。这些公认的"全球城市"由于过分倚重金融业，使其在经济危机中受到重创，另外城市发展过程中所出现的贫富分化、高犯罪率等问题也层出不穷。这都是我们在建设"全球城市"过程中需要避免的。

国内外关于判定世界城市的一般标准[2]有如下要素：

（1）城市人口达到一定标准，是国内特大城市或重要城市，

---

①盛文、翟宝辉、张晓欣：《城市国际化评价研究述评》，《中华建设》2009年第4期。

②刘志峰主编《城市对话——国际性大都市建设与住房探究》，企业管理出版社，2007，第15—16页。

驻有的外籍居民在其常住人口中占有一定比例。

（2）既是本国或本国较大区域的，又是国际性的或某一跨国区域的综合经济中心，或者贸易、金融中心，能够对本国和世界经济或某一跨国区域经济的发展起一定程度的控制作用或引导作用。

（3）集聚着众多的跨国公司和财团总部或分部，拥有雄厚的资本、大批高级人才和信息咨询机构，其决策的影响力、辐射面远远超出城市本身的地域范围、国内经济腹地和本国领土，可波及一定的国际区域，甚至整个世界。

（4）建立了完善的市场经济体系、第三产业高度发达、具有高效的综合服务功能，并形成了完善的中心商务区。

（5）拥有世界一流水平的基础设施和工作、生活环境，特别是实现了交通、通信和信息网络国际化，能够确保物质流、资金流、信息流和人员往来在国内和国际流动的畅通。

（6）拥有广泛地、经常地开展国际科技、教育、文化、体育等交流活动的能力或举办各种国际会议的先进设施，以及拥有特色的丰富旅游资源与完善的旅游服务体系，能够接纳众多国家和地区的留学生、接待大批国际游客的能力。

在进行了如上的全面考察和研究后，我们提出中国人民大学课题组"世界城市评价检测与发展指数体系"。

以北京为例，21世纪初，《北京城市总体规划（2004—2020年）》将北京发展目标确定为：国家首都、世界城市、文化名城和宜居城市，到新中国成立100周年建设成为经济、社会、生态全面协调可持续发展的城市，进入世界城市行列。北京以及中国的一线城市尚处于世界城市格局的边缘，而非核心层，想要建设成为世界城市需要做哪些准备呢?

西蒙所做的关于后发和处于边缘地区的低等级世界城市的建设经验值得我们思考，他于1995年提出了后发世界城市的建成标准，包括：①存在一个经验丰富的金融和服务中心（集群），服务于国际机构、跨国公司、各国政府、国家企业和非政府组织等全球客户；②发育出一个国际金融、信息、通信网络的枢纽，该网络连接着跨国公司、国际组织和非政府组织；③生活质量有助于吸引和挽留技能型国际移民（专业人员、经理人、官僚和外交家），生活质量不仅包括物质的和审美的环境，而且还包括更广的方面，如经济和政治稳定、大都会气氛和文化生活方面的感受。[1]西蒙已经为像北京这样的后发世界城市提出了一个较为全面的评价标准，还特别指出："单纯发展某一个单项的全球功能，并不能成为世界城市的充分条件"。所以下面主要综合现有的国内外关于世界城市的评价指标，并结合北京市的具体情况，提出适合中国构建世界城市的、较为全面的、指导型评价体系结构与测度指数。

---

[1] 屠启宇：《谋划中国的世界城市：面向21世纪中叶的上海发展战略研究》，上海三联书店，2008，第49页。

（一）国内外世界城市评价指标及评价结果

本书第四、五章中已经对国内外现有的对于世界城市的衡量指标做了一个较为全面的概述。这里主要对现有的重要评价体系做一个整体的描述，使我们对当下的评价体系有一个客观全面的认识，以期在总结前人经验、教训的基础上，为我国世界城市建设提出一个既切合国际标准又具有中国唯一性的评价体系。

根据我们获得的现有评价体系内容的完整性，可以将其分为单一型评价体系和综合型评价体系；根据现有评价体系的设计原则和目标，可以将其分为识别型和指导型。所谓识别型，即评价体系旨在表示世界城市的一般特征，并以自己的标准对世界城市进行分类。而指导型则不仅指出世界城市的普遍特征，而且更进一步指出一些路径性的指标，以对世界城市的构建有一个实践意义上的指导。下面主要以表格形式，分门别类地形象化地呈现现有评价体系概况。

单一识别型评价体系（表6-2）：

表6-2　单一识别型评价体系

研究者	评价指标		评价结果
	1级指标	2级指标	
科恩	跨国指数、跨国金融指数		纽约、伦敦、东京、巴黎、莱茵—鲁尔城市带、大阪、芝加哥、法兰克福和苏黎世

续表

研究者	评价指标		评价结果
	1级指标	2级指标	
萨森	主导性的金融中心、主导性的国际货币交易中心、国际性不动产市场	跨国公司总部数量、资本数量、股票价值总量、专业服务公司数、房地产项目等	纽约、伦敦、东京
泰勒	财务、广告、金融、法律	四大产业全球排名前几十位的跨国企业,考察它们子公司和分公司在世界城市的分布情况	阿尔法级城市:伦敦、巴黎、纽约、东京、芝加哥、法兰克福、香港、洛杉矶、迈阿密、新加坡
			贝塔级城市:圣弗朗西斯科、悉尼、多伦多、苏黎世、布鲁塞尔、马德里、墨西哥城、圣保罗、莫斯科、首尔
			伽马级城市:阿姆斯特丹、波士顿、加拉斯加、达拉斯、杜塞尔多夫、日内瓦、休斯敦、雅加达、墨尔本、大阪、布拉格、圣地亚哥、台北、华盛顿、曼谷、北京、罗马、斯德哥尔摩、华沙、亚特兰大、巴塞罗那、柏林、布宜诺斯艾利斯、布达佩斯、哥本哈根、汉堡、伊斯坦布尔、吉隆坡、马尼拉、迈阿密、明尼阿波利斯、蒙特利尔、慕尼黑、上海
中国"特尔斐法"研究		年资金融通总量、年人均生产总值、港口吞吐量、外汇市场日交易量、外贸转口额	

综合识别型评价体系（表6-3）：

表6-3　综合识别型评价体系

研究者	1级指标	2级指标
Friedman	主要的金融中心、跨国公司总部所在地、国际性机构所在地、商业部门(第三产业)高速增长、重要的制造中心、世界交通的重要枢纽、城市人口达到一定规模	
Knox	跨国商务活动	世界500强企业数
	国际事务	非政府组织和国际组织数
	文化聚集度	该城市在国家中的首位度
Harry Grossveld	艺术演出、城市好客度、房地产与建筑、国际贸易与运输、生产服务业、学术、博物馆、媒体、国际组织、跨国企业、金融	
王书芳	人口规模及构成指标,经济综合实力的指标,经济结构和国际化经济功能与服务功能水平的指标,城市环境条件,基础设施水平和交通、邮电、信息业国际化水平的指标	
沈金箴周一星	国家和国际政治权力、跨国公司总部、国内和国际贸易、全球金融机构、全球专业化服务、全球信息、全球消费、全球文艺、世界性活动、全球交通节点、全球制造中心、城市经济规模、城市人口规模	

续表

研究者	1级指标	2级指标
刘玉芳	经济发展、基础设施、社会进步、国际化水平	
倪鹏飞	城市经济国际开放度	对外贸易依存度、外资占固定资产投资的比重、外企占城市总企业的比重
	人文国际开放度	移民人口指数、外语普及率、外来文化影响度

综合指导型评价体系（表6-4）：

表6-4　上海建设世界城市指标体系设计思路框架

指标	分类	影响因素	指标	分类	影响因素
目标性指标	规模	上海城市GDP总量	路径性指标	效率	劳动生产率
		长三角区域GDP总量			公务员占劳动人口比率
		长三角城市化比例		活力	国内、国际移民比例
	影响力	城市—区域产业结构			新开办企业比例
		城市服务业高级化		创新	人才指数
		（国际和本土）企业总部集聚			创新指数
		外国官方机构集聚			创新氛围
		国际组织总部集聚		公平	收入公平
		城市创意产业贸易额			就业公平
	沟通力	金融交易和资产规模			社会公平

续表

指标	分类	影响因素	指标	分类	影响因素
目标性指标	沟通力	国际贸易	路径性指标	公平	教育公平
		机场货运		宜居	安全
		空港年人流与城市人口比例			健康
		空港国际航线旅客比例			居住
		国际访客规模			交通
		熟练掌握一种以上语言人口比例			教育
					文化
		宽带互联网接口户均数量		可持续	环境开支与GDP之比
					城市人口出行模式
					人均能耗、垃圾减量化指标
		对外电话时数			单位GDP产生的CO_2

资料来源：屠启宇：《谋划中国的世界城市：面向21世纪中叶的上海发展战略研究》，上海三联书店，2008，第78页。

上述综合指导型评价体系是屠启宇在《谋划中国的世界城市：面向21世纪中叶的上海发展战略研究》中所设计的。该书将评价指标分为目标性指标群和路径性指标群，前一个回答了什么是世界城市的问题，后一个回答了如何成为世界城市的问题。屠启宇所设计的评价体系是符合我们上述几大原则的。"这两个指标群是呈现与支撑的关系，如果把世界城市塑造比喻为一栋摩天大楼的建造，目标性指标群就是其可见的地上部分，而路径性指标群就是摩天大楼地下支撑的部分……因此，世界城市的目标性指标群提示的是最终结果，是可以用来进行城市间比较、竞争的指标；而路径性指标群提示的是世界城市建设工作的路径、抓手，是支撑世界城市的真正砥柱。"[1]

目标性指标群包括规模、影响力、沟通力三个部分。规模是基础，一个城市只有拥有可观和整体规模份额，才有可能真正成为全球政治、经济、文化的战略控制中心；国际影响力决定了城市的国际影响力，城市本身需要满足各种经济实体总部在服务、人力、管理等方面的需求，为全球经济发展提供高端服务；而沟通力是巨大的推动力量，展现的是世界城市的外向联结能力，信息的集聚和发散能力。路径性指标群包括效率、活力、创新、公平、宜居和可持续六个部分，从六个大的方面为世界城市的构建提出了建设性的指标群。

（二）国内外世界城市评价体系的不足

从国内外文献看，世界城市评价研究取得了非常迅速的发展，评价的科学性和系统性在不断提高，但同时也存在一些问题。

首先，从评价方法来看，没有一种国际公认的评价体系。目前主要有综合指标体系和单一指标两种评价方法。综合指标体系，评价内容虽然较为全面，但测量数据不好把握，有失精确，

---

[1]屠启宇：《谋划中国的世界城市：面向21世纪中叶的上海发展战略研究》，上海三联书店，2008，第79页。

像弗里德曼的评价体系虽然较为全面，但较难操作。对于城市这样一个复杂的系统，用单一指标考察其国际化程度又失之偏颇。评价角度不同，测度标准不一，就有可能导致世界城市的等级排名相差甚远，特别是对于非核心层次的城市是否属于世界城市会产生较大分歧，如表6-5、表6-6、表6-7所示：

表6-5　世界城市的等级划分

研究者	第一层次世界城市	第二层次世界城市	第三层次世界城市
Friedman	纽约、东京、伦敦	迈阿密、洛杉矶、法兰克福、阿姆斯特丹、新加坡、巴黎、苏黎世、马德里、墨西哥城、圣保罗、首尔、悉尼	大阪—神户、旧金山、西雅图、休斯敦、芝加哥、波士顿、温哥华、多伦多、蒙特利尔、香港、米兰、里昂、巴塞罗那、慕尼黑、莱茵—鲁尔
Thrift	纽约、伦敦、东京	巴黎、新加坡、香港、洛杉矶	悉尼、芝加哥、达拉斯、迈阿密、檀香山、旧金山
伦敦规划咨询委员会	伦敦、巴黎、纽约、东京	苏黎世、阿姆斯特丹、香港、法兰克福、米兰、芝加哥、波恩、哥本哈根、柏林、罗马、马德里、里斯本、布鲁塞尔	
Beaverstock	纽约、东京、伦敦、巴黎、香港、新加坡、洛杉矶、芝加哥、法兰克福、米兰	旧金山、悉尼、多伦多、苏黎世、布鲁塞尔、马德里、墨西哥城、圣保罗、莫斯科、首尔	阿姆斯特丹等35个城市

资料来源：谢守红、宁越敏：《世界城市研究综述》，《地理科学进展》2004年第5期。

表6-6　以综合的经济指标划分的全球城市等级体系

得分/分	城市
40	纽约
34—37	伦敦、巴黎、东京
28	法兰克福
15—16	芝加哥、香港、大阪、苏黎世
11—12	洛杉矶、米兰、新加坡、多伦多
7—8	北京、慕尼黑、旧金山
4—5	阿姆斯特丹、杜塞尔多夫、蒙特利尔、圣保罗、斯德哥尔摩、斯图加特、台北

资料来源：马克·亚伯拉罕森（Mark Abrahamson），2003。

表6-7　从文化角度划分的全球城市等级体系

得分/分	城市
30	纽约
18—21	伦敦、洛杉矶、巴黎、悉尼、东京
12	多伦多
4—7	开罗、香港、卢森堡马尼拉、墨西哥城、孟买、纳什维尔
1	布鲁塞尔、迈阿密、蒙特利尔、华盛顿

资料来源：马克·亚伯拉罕森（Mark Abrahamson），2003。

其次，多数评价体系多倚重于金融指标的评价，而忽视了政治、文化因素。如萨森提出：全球城市是"主导性的金融中心""主导性的国际货币交易中心""国际性不动产市场"。这样一种强调跨国公司总部数量、外汇市场日交易量、外国银行数量等的评价体系，虽然可操作性较强，但容易使世界城市的构建过分聚焦于经济因素，而忽略了城市文明、社会和谐。

再次，一些指标难以度量，导致评价不够准确和完善。如全球信息要素的流动、城市的文化影响力、文化的空间传递、外来文化影响度、城市好客度等如何有效测量。这些因素在世界城市的构建中是非常重要的，而且越来越受到理论家及政策制定者们的重视，但是今天我们还没有有效的手段去测量。因为这些要素本身难以被量化，全球各大城市之间政治、文化差异较大，对于这些要素没有统一的测度指数，所以要在不同城市之间大面积地调查这些较为抽象的数据是极其困难的。许多学者试图从全球城市网络进行国际城市等级研究，但是各城市间联系的资料与数据很少。目前，仅从航空旅客角度进行网络分析，由于难以获得各城市间的货物流、资本流等资料，因此研究的结果根本不可能反映全球城市的全貌。

最后，现有的世界城市评价体系，多是"识别性"而非"路径性"的。国内外现有的评价体系都是在回答"什么是世界城市"的问题，而没有考虑到"如何建设世界城市"的问题。考虑到了各式各样的评价指标，通过对公认的世界城市各项指标的分析与比较，为世界城市从各个侧面提出了一个识别性的标准，如城市所有的跨国公司总部有多少个，股票价值总量是多少，进出口贸易额是多少，人口规模应该是多大等。作为一个后发城市，如何使自己步入世界城市的行列，上文提到的评价体系中，只有屠启宇所设计的评价体系提出了具体测算方法。

（三）我国"世界城市评价指数体系"设计的指导原则

我国建设世界城市不能照搬现有发达国家世界城市的模式，而应在充分研究和消化其基本经验和发展模式的基础上，吸收其优异成果，进而探索北京建设中国特色的新型世界城市的发展道路与独特性。

文化是我国建设世界城市最重要的资源和特点；社会和谐是我国建设世界城市的最重要的保证；以人为本、关注民生是北京建设世界城市的出发点；北京被联合国人居署评为世界上最平等的城市，源于长久以来北京形成的宽容博大的城市品格。因此，在建设世界城市的探索中，我国除了借鉴各个世界城市如纽约、伦敦、巴黎、东京的基本构成和各自的独特成就外，要撷取最合宜的"点"来重新"合成"，如纽约的百老汇、伦敦的创意产业、巴黎的文化底蕴。并以中国深厚的传统文化底蕴和当代高科技为基础，创造出一个个具有独特品格的东方文化型的世界城市。

第一，指标设计的宏观指导性原则。由于现有的世界城市评价体系只是一种静态微观分析，缺乏对世界城市构建的动态宏观指导，所以我们在为北京作为世界城市构建一个评价体系时，不仅有"目标性指标"，还有"路径性指标"，以期对北京的建设有指导作用。

第二，指标结构的协调互补性原则。指标体系内部的各个系统及子系统之间要互补协调，完整地反映世界城市的评价指标，而且各个指标所占的加权比重也应该符合该城市的现实发展，各个指标分工合作，共同构建完美的评价体系。

第三，指标内容的科学完整性原则。指标体系一定要建立在科学的基础之上，要科学合理、客观真实地反映世界城市的实际情况，通过科学研究、逻辑论证、实例探讨得到有效的评价体系。同时指标体系应该完整清晰，不能过分倚重于一方，而忽略了其他方面，致使城市发展畸形。指标体系的各个层次之间关联互补，逐层分解，并多层有机组合，共同完成对世界城市的指标测评。

第四，指标选择的实用有效性原则。指标体系以满足研究实用为目的，在指标的选择上要注意可获得性和可比性。所谓可获得性不仅是指标数据的易采集性，还是指标数据的国际通用性。这样才方便对这些指标进行国际和国内的横、纵向比较。另外，在为某一城市量身定做评价体系时，还需考虑该城市的发展性和特殊性，因地制宜地构造合适的评价体系。

（四）我国世界城市评价体系结构的内容

我们结合北京和上海的具体情况，尽力避免上面所提到的不足，为我国的世界城市建设设计一个较为适用的评价体系（表6-8）。

第一，政治方面。建设世界城市，是一个由上而下，再由下而上的过程，市政府的战略导向具有决定性的作用。建设世界城市还需要高层次的、完善的城市管理制度、经济制度、法律制度、社会保障制度来为其保驾护航。

第二，经济方面。现在公认的世界城市无一不对世界经济具有强大的影响力，所以发展经济是构建世界城市的重中之重，主要包括如下要素：

（1）形成以核心城市为主的城市圈区位经济联合体。

（2）成为国际金融和贸易中心，关注外汇市场日交易量、外贸转口额、年资金融通总量、进口物的价值、外国银行数量等。

（3）集聚着众多的跨国公司和财团总部或分部以及国企总部，拥有雄厚的资本。

（4）建立完善的市场经济体系，调整产业结构，构建第三产业高度发达，具有高效的综合服务功能，完善现代服务业中的财务、广告、金融和法律等服务体系。发展附加值较大的创意产业，以增加城市资本，提升城市价值。

（5）建设完善的产业集聚区，如中心商务区、高科技开发区等。

（6）关注消费市场，如国内外消费总量等。

（7）关注股票价值总量、房地产项目等所创造的价值。

第三，城市基础建设方面。城市基础建设是构建世界城市的物质基础。城市建设、城市布局、公共设施的建设都需要大力加强，交通设施也非常重要，世界城市一定是世界交通的重要枢纽，所以航空、公路、铁路、地铁等都是构建世界城市的重要基础。通过测定城市港口吞吐量也可以看到城市经济贸易往来的总体情况。北京作为中国较拥堵城市，公共交通系统有待进一步完善。

　　第四，社会人文。主要考虑如下因素，如外国领事馆数量、国际性机构数量、与外国建立姐妹城市的数量、高等院校数量、大型国际会展数量，和谐的社区文化与公共文明秩序、市民文明素质，以及城市的文化影响力、城市品牌的形成、外语普及率、外来文化影响度、休闲娱乐和公共艺术等。另外还需要经常地开展国际科技、教育、文化、体育等交流活动。

　　第五，科技方面。我们所要构建的新型世界城市中，第一产业和第二产业所占的比重应该远远小于第三产业，科技方面我们需要关注的是高新制造业的技术水平，如信息产业方面所需硬件设备的制造等。另外通信传媒技术、信息网络技术是世界城市的主导推动力，需要着力加强，一个城市的信息流动是衡量其是否为世界城市的重要指标。

　　第六，人口方面。世界城市需要具有一定的人口规模，更重要的是需要注重人口质量，如人口学历比重、精英人才数、留学生数、新移民数量、外国人口的出生数、外国旅游者数量、农民工及流动人口数量。

　　第七，生态方面：自然环境良好、空气质量上乘，并拥有特色的丰富旅游资源，建设宜居城市，提升市民的幸福指数。

　　综上所述，我们所要建设的世界城市应该是政治清明、制度合理、经济发达、基础设施完善、科学技术水平先进、信息网络通畅、高新技术人才聚集、生态环境良好的，对国外游客和资金具有强大吸引力，对世界政治、经济、文化都具有强大影响力的，可持续发展的国际化大都市。

表6-8 中国世界城市指标体系设计

维度	1级指标	2级指标	因子加权系数	加权系数
政治	政府战略导向	政府战略导向的准确性、超前性	2	10%
	社会制度	城市管理制度	1.5	
		经济制度	1.5	
		法律制度	1.5	
		社会保障制度	1.5	
	制度创新	现代化社会制度的更新率	2	
经济	金融中心	跨国公司和财团总部或分部	2	30%
		国企总部	2	
		年资金融通总量	2	
		外国银行数量	2	
		股票价值总量	2	
		房地产项目	2	
	贸易中心	外汇市场日交易量	1.5	
		外贸转口额	1.5	
		进口物质的价值	1.5	
	产业集聚区建设	中心商务区	1.5	
		高科技开发区	1	

续表一

维度	1级指标	2级指标	因子加权系数	加权系数
经济	产业结构调整	第三产业高度发达	1	30%
		财务、广告、金融和法律等现代服务体系的建设	1	
	消费市场	国外消费总量	1	
		国内消费总量	1	
	创意产业	文化创意资本	0.5	
		人力资本	0.5	
		社会资本	0.5	
		政策资本	0.5	
		科技资本	0.5	
		联动资本	0.5	
	经济规模	北京市GDP总量	2	
		京津冀区域GDP总量	2	
		可持续发展性	1	
基础建设	城市布局	城市布局的合理性	1	10%
	公共设施	机场、航空港口	2	
		公路运输	2	
		铁路运输	2	
		公交、地铁建设	2	

续表二

维度	1级指标	2级指标	因子加权系数	加权系数
基础建设	公共设施	城市公园等绿地建设	1	10%
		城市医疗卫生系统建设		
社会人文	国际组织	外国领事馆数量	0.5	15%
		国际性机构数量	0.5	
	国际社会文化交流	与外国建立姊妹城市的数量	0.5	
		外来文化影响度	0.5	
		大型国际会展数量	0.5	
		国际科技、教育、文化、体育交流活动	0.5	
		外语普及率	0.5	
	城市文化氛围	高等院校数量	1	
		和谐社区数量	0.5	
		公共文明秩序	1	
		学术活动	0.5	
		博物馆	0.5	
		艺术演出	0.5	
		休闲娱乐	0.5	
		公共艺术	0.5	
	城市品牌	知晓程度	0.5	
		地缘面貌	0.5	

续表三

维度	1级指标	2级指标	因子加权系数	加权系数
社会人文	城市品牌	发展潜力	0.5	15%
		城市活力	0.5	
		市民素质	1	
		先天优势（传统文化）	1	
	社会公平	收入公平	0.5	
		就业公平	0.5	
		教育公平	0.5	
	社会安全	人身安全	0.5	
		人身健康	0.5	
科技创新	信息流动量	宽带互联网接口户均数量	2	15%
		对外电话时数	2	
	高新科技产业	传媒技术	3	
		信息网络技术	3	
		高新制造业技术	3	
	艺术文化设计	设计创新指数	2	
人口	人口规模	城市总人口数	1.5	10%
		农村人口城市化比率	1.5	
	人口质量	人口学历比重	1	

续表四

维度	1级指标	2级指标	因子加权系数	加权系数
人口	人口质量	精英人才数	1	10%
		留学生数	1	
	人口流动	新移民数量	1	
		农民工数量	0.5	
		国内流动人口数量	1	
		外国人口出生数	0.5	
		外国旅游者数量	1	
生态	自然生态	自然环境良好	2	10%
		空气质量指数	2	
		富有特色的旅游资源	3	
		环境开支与GDP之比	2	
	宜居指数	市民的幸福指数	3	

下面对表6-8做简要说明：

1.指标设计

本指标体系较为全面地涉及了世界城市构建的各个方面，总结了国内外现有评价体系中所提到的评价标准，同时结合北京的具体发展状况，提出了这一具有针对性的评价指标。在这一指标体系中，我们突出了当前世界城市发展的大趋势：

①高度重视节约资源，保护生态，关爱环境。生态平衡的宜

居环境在城市发展中日益具有重要地位。追求低碳目标、循环经济与可持续发展成为建设世界城市的新的重要目标。②独特的富于魅力的城市文化品格、城市形象、文化多样性和宽容和谐的城市氛围，也成为全球关注的中心；优异的创业环境、高阶舒适的生活、文明的城市环境，也成为吸引外来人才和国际人口的重要条件。③传统的现代性理念和国际城市发展中，经济发展占有绝对主导的地位。城市代表着财富的集聚、富人的天堂，代表着企业的驻地、商贸的中心。未来的变化趋势是，城市功能由经济主导型或经济唯一型向综合平衡的、更加社会化的功能转变；全球城市的发展更注重城市社会功能的开发，更注意解决城市的公共服务问题，防止贫富分化，促进经济和社会的协调。④世界城市化的发展经历了"集聚—高度集聚—困境—分散"的发展过程。当代城市的空间结构发展由高度集中逐步走向分散化结构。⑤世界城市发展的另一个趋势是都市圈的发展，特别是新兴国家的都市圈的迅速崛起，显现了都市圈发展的新方向和特点。新兴国家都市圈在全球城市网络战略中的地位大幅提升，这对于所在国家的整体发展战略也具有重要影响。

2.指标的测度标准

本指标体系中并没有明确指出测度标准的具体数值。首先，我们并不能很刻板地规定一个城市成为世界城市的具体数值，如有多少家跨国公司就算世界城市呢，信息流量达到多少才能符合世界城市标准呢。其次，我们不能以现有的公认的世界城市作为模板，去拷贝它的城市发展路线。我们只有做出自己的品牌，才能屹立于世界城市之林。因此，以纽约、伦敦、东京的某些具体数值作为测度标准，对于北京的城市建设来说并不是非常合理的。再次，由于各大城市的测度数值短时间内难以形成一个通用的测度杠杆，我们提出一个北京在各个评价指标上的完善合理的发展目标，是有很大困难的。所以本指标体系只是从宏观上对各大维度、子维度及加权系数做一个整体把握，使北京在建设世界城市的过程中所需着重注意的维度一目了然。加权系数的测定是一个十分困难且复杂的问题，其比例的确定仍然有很大的主观性。因为依据的是不同的理论体系和方向、重点的选择，所以会有不同的指标体系。

3.指标体系的指导性

如果把上述指标做一个全面总结，那么我们对于所要建设的世界城市就会有一个全面的印象，即一个政治清明、制度合理、经济发达、基础设施完善、科学技术水平先进、信息网络通畅、高新技术人才聚集、生态环境良好，对国外游客和资金都具有强大吸引力，对世界政治、经济、文化都具有强大影响力的可持续发展的国际化大都市。本指标体系的指导性主要体现在宏观层面。

第三编

世界城市建设案例

第七章 建设世界城市：北京的挑战、优势与机遇

按照国家部署，北京提出了建设世界城市的目标，这是具有重要意义的战略决策，是北京发展模式的调整升级，是向新的发展方式转变的战略举措。这一决策，将对我国经济社会的发展产生重大影响，将对世界城市竞争产生日益增强的影响。

改革开放以来，北京的发展经历了以粗放型、资源型、投资型为主的阶段。随着北京的高速发展，城市经济力量不断壮大，社会文化需求不断升级，收入函数变化带来新的巨大需求，要求增长方式变革、供给内容和消费结构的调整。2009 年，北京成功应对国际金融危机的冲击，首都经济发展上了新的台阶，人均GDP 超过 10000 美元。这标志着首都经济社会发展进入了一个新的阶段。在这样的背景下，北京提出建设世界城市，是城市发展理念的一次飞跃，是北京发展战略的一次重要的升级。

一、建设世界城市：北京的必由之路

有人提出：北京已经是国际城市，为什么还要建设世界城

市；北京建设世界城市的必要性、必然性是什么；为什么北京建设世界城市是北京向更高阶段发展的必由之路。

我们说，北京建设世界城市，是顺应历史的潮流，是现实发展的必然选择，承担着中国走向世界的国家队的重大责任，是实现中华民族伟大复兴的必然要求，也是应对全球竞争的严峻形势，开创北京发展的新阶段，带动区域经济全面快速发展，迈上历史新高度的必由之路。

1.实现中华民族伟大复兴的必然要求

从历史上看，中国的首都曾是世界上最繁荣、最发达、最辉煌的城市，具有世界影响力。近代国际经验告诉我们，纽约的兴起并成长为世界城市是美国崛起乃至成为世界大国的标志。东京成为世界城市，也成了日本崛起成为世界大国的象征。北京建设世界城市，是回应历史的呼唤，回应全民族的期盼，实现中华民族伟大复兴的必然要求。作为历史悠久的文明古都，中国近千年来最重要的政治中心、文化中心，北京的发展变化与中华民族的兴衰息息相关。北京是中国的象征，北京文化是中国文化的典型代表，北京的发展是中华民族的伟大复兴的集中体现，这在举办第29届奥运会的过程中，得到了充分的验证。

今后几十年，将是实现中华民族伟大复兴的重要历史时期。北京建设世界城市，就是要瞄准中国在世界文明发展中的再度崛起，中国国际地位的重大提升，中国国际环境的迅速优化，中国国际责任逐步强化的现实。从更深远的历史视野，来审视这一历史性的抉择。

2.承担中国走向世界的国家队的重大责任

不同于冷战时期国家与国家、民族与民族之间的激烈对抗，也不同于20世纪世界超级大国带领的不同阵营间的严酷斗争，在全球化潮流的推动下，在世界城市化的浪潮中，城市之间特别是世界城市之间的竞争代替了壁垒森严的国家、民族间的斗争，上升为重要的国际战略。21世纪，国际化大都市之间的竞争，成为世界各国之间竞争的重要方式。

21世纪是城市的世纪，是城市大竞争的世纪，是国际化大都市特别是世界城市之间大竞争的世纪，是世界城市带动的都市圈作为全球经济中心并日益成为文化中心的大竞争的世纪。

因此，北京选择建设世界城市，就是选择了一种参与当代新形势下国际化大都市之间高端竞争的发展方式。作为参与国际竞争的中国代表队，北京承担着中国走向世界的重大责任和重要使命：成为21世纪世界最重要的金融之都、高新科技信息产业之都、文化创意之都，为国家赢得全球竞争中经济发展、社会进步、文化繁荣的金牌。

3.应对全球竞争的严峻形势的需要

仍在延续的全球金融危机给予我们一个重要的启示：北京的发展已经与世界经济紧密联系在一起，我们必须时刻关注全球经济社会的发展变化。长期以来，我们习惯于关注自己眼前的发展、手头的工作和应急的任务，我们的国际视野还不够宽广，我们的国际联系还不够广泛，我们应对世界经济政治的经验不足，特别是应对危机的策略还不够完善。因此，北京提出建设世界城市，是北京应对国际发展需求的正确决策，它要求北京要更多、更清醒、更具体地了解世界，进入世界，应对世界。

世界竞争的形势是严峻的。从历史上看，世界上任何一个城市都有其兴衰存亡的际遇，比如城市的规模。按照美国（HV-LT）假设，城市的大小影响着一个城市的创新能力。从1950—2000年的50年间，就发生了巨大变化（表7-1）。

表7-1　1950—2000年世界大城市人口情况

单位：万人

排名	城市	1950年人数	城市	2000年人数
1	纽约—新泽西东北部	1230	墨西哥城	3100
2	伦敦	1040	圣保罗	2580
3	莱茵—鲁尔	690	东京—横滨	2420
4	莱茵—横滨	670	纽约—新泽西东北部	2280
5	上海	580	上海	2270
6	巴黎	550	北京	1990
7	布宜诺斯艾利斯	530	里约热内卢	1900
8	芝加哥—印第安纳西北部	490	孟买	1710
9	莫斯科	480	加尔各答	1670
10	加尔各答	440	雅加达	1660
11	洛杉矶—长岛	400	首尔	1420
12	大阪	380	洛杉矶—长岛	1420

澳大利亚人戴维·F.巴滕认为，由表7-1的数据可知，原来占据主导地位的城市，如今已经萎缩。而另外一些城市，如墨西哥城和圣保罗，仅在过去半个世纪就极大地扩张了它们的版图。[①]逆水行舟，不进则退；前事不忘，后事之师，北京不可掉以轻心。

作为一个发展中国家，我们底子薄、环境差、基础弱，面对激烈的全球竞争，随时都有被国际强队挤出"赛道"的危险。作为后来者，我们只有付出更多的努力、耗费更多的心智，选择更优的发展道路，才能实现跨越式的发展。因此，选择建设世界城市，就是要在复杂的全球竞争形势下，学习全球世界城市建设的国际经验，寻找最佳的应对战略和策略。

4.北京内在发展的必然要求

北京提出建设世界城市，也是适应北京自身内在发展需求的选择。改革开放以来，北京经历了粗放的资源型产业到制造业发展，再到投资型发展的阶段，现在走向了金融发展、科技创新、文化创意的新阶段，进入一个产业升级换代、全面调整产业结构的非常重要的历史时期。

国际经验告诉我们，世界各国的国际化城市，都曾经历产业结构的调整升级。20世纪末，英国伦敦面对世界全球化、信息化、网络化的发展，适时地提出调整产业结构，发展创意产业的

---

①戴维·F.巴滕：《网状城市群：都市圈发展的创新模式》，《城市观察》2009年第1期。

战略决策，使伦敦乃至英国获得了长达10年的创意产业的高速发展。欧盟开展的欧洲城市复兴旗舰项目，是面对欧洲制造业的衰落，进行产业结构调整、升级换代，寻找城市发展的新增长点的成功案例。

北京目前人均GDP达到10000美元（2008年底），服务业比重达到73%，人均GDP达到中等发达国家水平，服务业比重也达到了一些发达国家的国际城市的水平。在这样的转型时期，北京提出建设世界城市，就是产业结构调整，产业自身上层次、上台阶的需要。

5.带动京津冀城市圈与环渤海协作区区域经济的快速发展

从国际经验来说，任何一个世界城市的发展都不可能是单枪匹马自身独立发展的结果，而是大都市圈内分工协作，共同发展的结果。世界五大都市圈的实践说明：一个世界城市如果没有城市圈内的协同，中心城市很难快速发展，也很难在全球经济中占据重要地位。一个内部经济发展协调的都市圈可以使地理位置、生产要素和产业结构不同的各等级的城市承担不同的经济功能，在区域范围内实现单个城市无法达到的规模经济和集聚效应，使得资源在中心城市和其他城市之间实现更优化的配置。

从以往的经验看，以行政区划为界的发展模式，是我国计划经济时期的发展模式，存在着诸多弊病。它使得中心城市的职能过于集中，发展空间狭小，中心城市与周边城市发展差距拉大，矛盾冲突凸显，产业结构缺乏层次，上下游衔接脱节。与我国长三角和珠三角相比，京津冀都市圈发展缓慢，北京建设世界城市，是实施国家京津冀都市圈和环渤海协作区发展战略的重要步骤，是推进我国北方经济社会发展的重大举措，将带动京津冀城市圈与环渤海协作区区域经济的快速发展，将推进京津冀一体化，振兴环渤海经济带。

二、建设世界文化之都：北京的基础与优势

从历史上讲，北京是最古老的世界城市之一，也曾经是世界上最为繁华的政治中心、经济中心和文化中心。北京建设世界城市具有深厚的基础和日益增长的优势。从经济结构、文化发展、科技创新和城市功能等方面看，北京已经具备挑战世界城市的社会条件。

1.成功举办奥运会——走向世界城市的首场演习

2008年北京奥运会，对于处在新的战略机遇期的北京具有重要的、历史的和现实的意义。奥运会作为一个巨型的展示会，具有独一无二的全球平台，吸引了全世界的目光聚焦北京。它彪炳文化的伟力，呼唤中华文明的价值重构，推动北京文化走出去，展示北京的国际姿态，展现民主进步的北京首都形象和文明开放的北京市民素养。它是落实科学发展观的一次成功的实践，是北京城市发展历史进程中的重要里程碑。毫无疑问，奥运会的成功举办，推动了北京文化、经济、社会的全面长期发展，标志着北京的发展进入了一个新的阶段。

北京奥运会是奥运史上一届无与伦比的奥运会。它所提出的绿色奥运、科技奥运、人文奥运的理念和实践，意义深远；它所弘扬的和谐世界、和谐奥运的人文精神，是北京对奥林匹克主义的独特贡献；它所彰显的东方文化、东方气派、东方风骨和东方意境，与以西方文化为主的奥林匹克文化形成生动的对比，并做了补充，展示了辉煌悠久的中华文明，也体现了多元文化交融互补的奥林匹克精神。它所实现的独具特色的天人合一的绿色奥运实践，为北京留下了生态平衡的宜居环境，泽被后世；它所推崇的奥运文化与奥运经济协调发展，建立奥运文化创意产业的尝试，也是奥运史上最具挑战性的理论与实践的探索；它所开创的发展中国家举办奥运的先例，所积累的经验教训，已成为奥运史上弥足珍贵的文化遗产。

2.北京高新科技的引领优势

科技创新是当代世界城市竞争的前哨阵地。北京在科技创新、知识创新等方面位居全国前列。在专利授权量方面，北京的专利授权量2000年为5905件，2006年为11238件，增长了90.3%，其中发明专利2000年为1074件，2006年为3864件，增长了259.8%；在科技奖项获得方面，2005年北京地区共获国家科学技术奖75项（通用项目），占国家科学技术奖励总数247项（通用项目）的30.4%。

在研发投入上，2005年北京科研机构共获得科技活动经费735亿元，占全国科技经费的14%，高居全国各地区之首。另外，北京的研发投入逐年递增,2006年达到5.8%,超出了同期美国、德国、英国、日本等发达国家的平均水平。在科研项目上,北京地区承担了大量的国家级科研项目,各项研究项目排名和经费使用均为全国第一。2004年承担的基础研究计划158项,占全国的41.7%,使用经费4.8亿元,占全国的46.1%;承担的863计划1227项,占全国的32.1%,使用经费27.9亿元,占全国的30.0%;承担攻关计划716项,占全国的35.1%,使用经费20.0亿万元,占全国的13.4%;承担的科技型中小企业技术创新基金176项,占全国的12%,使用经费1.1亿万元,占全国的13.4%。[①]总之,北京的知识创新能力强大,在全国的优势十分明显。

中关村是中国高新科技的高地,代表了北京乃至中国高新科技的发展水平,是北京建设世界城市的科技创新基石。为了推进"科技北京"建设,北京制定了《"科技北京"行动计划(2009—2012年)》,加快推进以中关村国家自主创新示范区为龙头的科技创新体系建设,积极对接国家重大科技专项和国家重大科技基础设施建设,通过实施八大科技振兴产业工程和12项科技支撑工程,全面提高首都的自主创新能力,发挥科技对首都经济社会发展的支撑引领作用。

3.总部经济的发展和金融中心的迅速成长

北京成为金融中心有着得天独厚的优势。作为首都和快速发

---

① 张耘:《北京科技创新能力现状分析》,《中国高新技术产业导报》2007年第9期。

展的特大城市,北京具有独一无二的政治、经济、社会和文化环境,金融组织体系、市场体系和服务体系已初步完善,金融产业实力雄厚、发展迅速,已经具备成为国家金融中心的初步条件。从深层次来考虑,北京作为中央宏观调控部门和监管部门的所在地,作为独一无二的全国性金融管理中心和信息发布中心,发展金融业具有无可比拟的优势。

同时,从20世纪90年代开始,随着各大跨国公司纷纷将地区总部从新加坡、香港迁入北京、上海、广州等中国的中心城市,总部经济在中国逐渐形成规模。北京总部经济发展较快,吸引了众多跨国公司地区总部、研发中心和国内大企业集团总部聚集,总部经济规模居全国前列。在空间布局上,初步形成的商务中心区(CBD)、金融街、中关村科技园区、海淀园等几大特色总部聚集区,成为北京总部经济发展的重要空间载体。2008年北京第二次经济普查结果显示,北京总部经济特征明显,北京市全市总部企业有784家,占全市单位数的0.3%,其控制的在京下属二级单位有3894家。总部企业及其在京下属二级单位吸纳从业人员占全市的20.2%,拥有资产占61.3%,实现主营业务收入占44.8%,实现利润占69.3%。北京市社会科学院的《中国总部经济发展报告(2009—2010)》显示,全国35个主要城市总部经济发展能力排行榜(2009年)座次排定,北京位居全国第一。

4.文化软实力、文化竞争力的大幅提升

北京是一个具有古老文化底蕴的历史文化名城,3000多年的建城史,给予了北京这座城市独特深厚的历史文化遗迹。世界历史文化遗产和全国性的重点文保单位密集,特别是保存完好的古典传统皇家建筑,成为呈现中国传统文化最好的物质化载体。

北京更是一个汇集了当代世界精神文化的文化名城,古老文明与现代精神交融汇合,开放的北京总是以开放的胸襟接受着世界文化,不断积淀创造新文化,发挥文化中心城市的集聚辐射作用,成功地发挥了全国文化中心的中心源扩散作用,带动了其他区域的快速发展。

北京的文化软实力和文化竞争力在全国居于前列,北京的文化吸引力,成为凝聚全国人民的强大力量;北京的文化原创力,是北京成为我国文化创造的重要源泉;北京的文化,经过奥运会的传播,已经吸引了全球的高度关注,使北京的城市形象和城市品牌价值大幅提升。以2008年奥运会的隆重举行为契机,北京大力宣传城市形象,向来自世界各地的运动员、游客、商界精英、政府要员展现了历史悠久、创意无限、活力四射、热情好客的城市风貌,积淀了巨大的城市品牌资产。加之奥运会期间北京充分发挥宣传优势,借助各种媒体和专业推广机构,使"新北京、新奥运""中国印·舞动的北京"通过奥运会传遍世界每一个角落,为北京的城市品牌塑造积攒了全球的人气。

20世纪50年代的法国巴黎、20世纪70—80年代的美国纽约、20世纪90年代的日本东京,都曾被誉为世界艺术之都。随着世界文化中心的东移,21世纪则是中国的世纪,世界艺术已经在北京集中，北京已经成为一个巨大的国际化艺术馆、一个世界各国艺术家进行交流对话的平台。北京正在走向东方艺术之都、国际影视之都。

5.文化创意产业的高速发展

从2006年北京确立文化创意产业作为北京的社会经济发展的支柱产业和引擎以来，北京的文化创意产业获得了高速发展。以2009年为例，经初步核算，这一年北京文化创意产业面对国际金融危机逆市飘红，全年实现产业增加值1497.7亿元，占GDP比重为12.6%，现价增速达11.2%，提前实现了《"十一五"规划》中确定的文化创意产业增加值占GDP比重超12%的目标。

2004—2007年，北京文化创意产业分别实现产业增加值613.6亿元、700.4亿元、812亿元、992.6亿元，分别占当年GDP的10.1%、10.2%、10.3%和10.6%，比重逐年提高，年均增速17.4%。2008年，北京文化创意产业实现产业增加值1346.4亿元，占当年GDP的12.1%。到了2009年，已经是文化创意产业连续第六年稳步增长。

根据2009年前三季度的统计，在文化创意产业九大领域中，软件、网络及计算机服务，广告会展，新闻出版业，广播影视业的产值位居前四名。而排名最末的文化艺术领域，2008年增速最快，表现出强劲的发展态势。

2009年，北京动漫网络游戏产值初步核算突破80亿元，占全国的1/4；演出市场仅61家，营业性演出场所票房收入就达

9.33亿元，比2008年增长48.8%；电影票房8.1亿元，比2008年增长52.8%，占全国票房总量的13%，连续三年位居全国城市票房冠军。北京人均银幕数约为4万人一块，远超上海、广州等城市，居全国首位；古玩与艺术品交易产值为125亿元，比2008年增长50%。

2009年，北京已有各类文化创意企业5万多家，其中规模以上企业近8000家。市级的文化创意集聚区达到21家。文化创意产业已吸纳就业人数超过百万人，高端人才加速聚集在北京。

2006—2009年，北京出台了包括《北京市促进文化创意产业发展的若干政策》等在内的扶持政策19项，已建立起支持文化创意产业发展的配套政策体系。2006年起，北京市设立了文化创意产业发展专项资金，每年安排5亿元面向社会支持文化创意产业发展。4年来已安排专项资金20亿元，支持重点产业项目365个，带动社会资金近200亿元。

北京文化创意产业的高速发展，表明北京已经开始向世界创意产业的中心进发。

6.教育资源与人力资本的基础雄厚

北京作为全国文化中心，创意资源丰富，聚集了一大批享誉全国的文化名人、文学家、艺术家和大量创意人才。全国有400多个科技信息类研究院所及科技信息网络中心，大部分集中在北京地区。北京地区拥有独立信息机构50多个，占全国的10.7%。根据《中国科技统计年鉴（2006）》的数据，2005年北京地区拥有高等院校89所，科研机构350所，有科研活动的单位数目6481家，其中大中型工业企业有254家。北京市的科技人力资源占全国总科技人力资源的9.24%，其中高校科研人员和科研机构人员数量高居全国第一，远远超过其他地区。此外，北京每10万人中，大中专以上文化程度的人有1.7万人，是全国平均水平的5倍；北京两院院士有706人；北京拥有全国1/3的研究生院、国家重点学科和重点实验室，北京培养的博士后占全国的1/3。丰富的文化创意人才资源，为北京做大做强文化创意产业，提升产业的国际竞争力提供了坚强的后盾。

7.国际经贸、国际交流和全球影响力持续上升

作为具有悠久历史文化传统的首都城市，北京是中国国际文化交流和对外文化贸易的主阵地、对外文化交流和文化贸易的领头羊。这既是推动中国对外交流和文化贸易发展的需要，也是北京打造世界级城市的需要。北京是传统文化与现代文化、中国文化与世界文化的交汇处，多元交汇使北京文化呈现出独特的文化特色。作为中国的政治中心和文化中心，北京在发展对外文化交流和对外文化贸易方面具有国内其他城市所不具备的优势条件，拥有丰富、多元的文化和经贸资源。北京地区出版的图书约占全国总量的1/2，音像制品占1/3，期刊占1/4，报纸占1/5，电视剧出品（部）集数和电影产量占全国的1/3以上。在对外文化交流和文化贸易方面，北京文化创意产品的出口规模也日益扩大，尤其是软件、图书、影视等行业的产品出口量居全国前列。北京

占全国文化产品出口的比重为：2001年近30%，2004年近40%，年增幅在20%以上。2006年，北京实现海关软件出口3.56亿美元，占全国海关的1/3。

在国际文化贸易方面，北京市在全国牢牢占据着领头羊的地位。2009年11月18日，商务部、外交部等六部门联合发布的《2009—2010年度国家文化出口重点企业目录》中，全国进入该目录的文化企业共211家，其中北京56家，占全部文化出口重点企业的26.5%。北京版权引进与版权出口数量也都居于全国首位，2009年北京引进版权合同登记8298项，同比增长26.2%，其中引进图书、期刊版权8018项。2006—2009年，北京市作为全国版权业的龙头，每年输出图书版权的数量都占到了全国的70%左右。在演出方面，《猫》《大河之舞》等国际知名娱乐演出品牌在进入大陆市场时，也往往将北京作为首选之地。

衡量一个城市能不能跻身国际大都市，还有一个重要标志，是这个城市召开国际会议和展览的数量与规模。国际上有很多以会展著称的城市，比如，法国的巴黎，平均每年承办国际大型会议300多场，因此有"国际会议之都"之称；香港则以设施优良的展馆和完善的服务体系，赢得了"展览之都"的美名。

改革开放以来，北京的会展业正逐步向国际化、专业化、产业化和品牌化方向迈进。近年来，北京先后成功举办了世界妇女大会、国际档案大会、万国邮联大会、市长顾问大会等几十场大型会议，并先后举办了国际汽车展，国际通信展，国际服装展，第二十九届奥运会等专业性、综合性的展会。

2009年9月，美国著名的《福布斯》杂志选出了10个快速崛起的"未来世界之都"，中国的上海和北京名列其中。据香港《文汇报》报道，除了上海和北京，《福布斯》选出的其他"未来世界之都"还包括：莫斯科、孟买、圣保罗、迪拜、卡尔加里、珀斯、休斯敦和达拉斯。这些城市的财力和经济实力虽然未能超越东京、伦敦、巴黎、纽约、芝加哥、洛杉矶、首尔、新加坡和香港，但发展速度惊人。《福布斯》宣布其选择北京的理由是：2008年主办奥运会，北京是中国文化和政治的心脏，拥有著名历史名胜天安门广场、紫禁城等，同时拥有众多国际知名的前卫建筑。《福布斯》特别提及位于北京的清华大学，称它是中国版的麻省理工学院。

三、建设世界文化之都：北京的战略机遇

1.世界金融危机中，中国成为引领世界经济走出低谷的重要力量

国际金融危机的严重冲击，使2009年成为21世纪以来我国经济社会发展最为困难的一年，国家把保持经济平稳较快发展作为经济工作的首要任务，果断实施了有力的宏观经济政策，保持了经济平稳较快发展的总体态势。国际金融危机并没有根本改变世界经济中长期发展向好的趋势，我国经济仍然保持了平稳较快发展的态势，并为长远发展创造了良好的条件。扩大内需保增

长,增强了经济发展协调性,也进一步为北京发展营造了良好的外部环境。北京在应对国际金融危机冲击、保持经济平稳较快发展方面取得了明显成效,我国经济实现了总体回升向好、率先复苏,成为引领世界经济走出低谷的重要力量。在经历了严峻的考验之后,北京建设世界城市迎来了起步发展的春天。

2.我国全面推进新发展观的重大机遇

全面推进科学发展观是北京建设世界城市的重大机遇,为北京建设世界城市提供了强劲动力。贯彻科学发展观的重要内容是加快经济发展方式的转变。这是适应全球需求结构的重大变化,增强了北京经济抵御国际市场风险的能力,也提高了北京可持续发展的能力。北京经过改革开放,在城市基础设施和环境、消费结构、居民收入水平、国际资本吸纳能力、人力资本研发能力和科教水平上,都达到了新的高度。北京举办奥运会,成为落实科学发展观的经典案例。在后国际金融危机时期,北京建设世界城市,就是要在国际竞争中抢占制高点,借势而上,创造北京发展的新优势。在落实科学发展观的实践中,北京抓住机遇,加快了经济发展方式转变,满足了广大人民群众日益增长的物质文化需要。

3.北京产业结构的调整、转型和提升

在抵御全球金融危机中,在贯彻科学发展观中,北京加快了经济发展方式的转变,在经济领域进行了一场深刻变革。在这场变革中,北京加快了经济结构调整,把调整经济结构作为转变经济发展方式的战略重点。同时又加快推进产业结构调整,使北京第三产业的比例达到73%，达到甚至接近发达国家的国际化城市的三产比例，适应了建设世界城市的需求，促进三次产业在更高水平上协同发展，全面提升产业技术水平和国际竞争力。

在产业结构调整的同时，北京紧紧抓住新一轮世界科技革命带来的战略机遇，加快推进自主创新，加快科技成果向现实生产力转化，着力打造科技创新高地、文化创意之都。谋求经济长远发展主动权、形成长期竞争优势，为走向世界城市打下良好的基础。

4.京津冀都市圈与环渤海经济协作区建设全面启动

2010年2月，国家发展和改革委员会宣布：我国将出台一系列区域发展规划和政策性文件，京津冀都市圈的发展将纳入国家发展战略。这是一个重要的契机，标志着京津冀都市圈将全面开发并全面提速。21世纪全球合作与竞争的一个重要方式是全球范围内都市群的合作与竞争。目前，世界上纽约、伦敦、巴黎、东京等都市圈已经占据着重要的地位。在中国经济版图中，京津冀都市圈是我国政治、文化中心，经济最发达的地区，是我国参与国际竞争和现代化建设的重要支撑地区，也是我国未来继续大规模推进国际化的重点地区。从这个意义上讲，加快京津冀都市圈区域经济一体化发展，不仅是京、津、冀三地自身发展的需要，更是推进我国积极参与国际竞争、促进区域协调发展的战略需要。

随着中国经济在金融危机之后崛起，世界经济中心东移的趋势逐渐形成。京津冀地区迎来了千载难逢的战略机遇：京津冀都市圈和环渤海经济协作区借助北京强大的首都优势与国家行政资源迅速发展，逐步成为中国乃至世界经济的增长极。

京津冀都市圈和环渤海经济协作区的形成与发展，为北京走向世界城市提供了良好的发展机遇。京津城际铁路的开通，使京津"同城化"成为一种现实，天津滨海新区开发开放上升为国家战略，进一步点燃了京津冀一体化发展的发动机；开发临海经济，打造优良海港，实现海空港联手的国际通道；随着北京地区的产业升级，天津、河北省承接了北京转移出去的重工业和农业加工业等产业，为北京高科技产业、信息产业和高端制造业，为资本、技术、知识密集型产业融合发展提供了条件，京津冀城市圈的相互融合、相互补充，大大改善了北京的经济环境。京津功能新定位，更是开启了京津合作发展的新阶段；京津冀区域规划正式启动，将京津冀一体化推进到实质性操作阶段。这些重大战略机遇同时降临京津冀地区，在全国绝无仅有，标志着今后将是京津冀首都圈大发展的最关键、最重要的时期。

从我国国情来看，中国是一个拥有14亿人口、五千年历史和辽阔国土的发展中大国，在这样的国家实现现代化，没有先例可循。因此，作为首都，北京的发展不能套用别人的模式，只能从历史和中国国情出发，按中国特色社会主义发展规律来探索和把握城市发展的规律和定位，建设国家首都、国际城市、文化名城、宜居城市。

四、建设世界级文化中心城市的战略与策略

文化是民族的血脉，是人民的精神家园，是城市发展进步的灵魂。随着文化的地位和作用的日益凸显，城市化进程的加快和大都市的功能转型，以及全球化语境下国家之间的竞争越来越以中心城市的博弈来显现，党中央高度重视首都文化建设，对首都的文化改革发展做出了一系列指示，提出了发挥首都全国文化中心示范作用、建设具有世界影响力的文化中心城市的要求。把北京建设成为在国内发挥示范带动作用、在国际上具有重大影响力的著名文化中心城市，使之成为全国文化精品的创作研发中心、文化创意培育中心、文化信息传播中心、文化要素配置中心、国际文化交流和展示中心、文化人才集聚中心，发挥好首都文化中心的表率引领作用、辐射带动作用、提升驱动作用、桥梁纽带作用、荟萃集聚作用。

（一）构建全国精品创作中心

文化精品的创造是人类认识世界、改造世界并创造自身的一种生活实践活动。这种实践活动，离不开创作主体的能动作用，同时也会受到创作主体主观意识的限制和影响。作为创作主体的文艺工作者，由于其思想感情、生活经验、认识能力与审美修养的差异，他们所创造的文艺作品和文艺形象也是千差万别的。因此，在制定文化艺术生产的支持政策时，必须充分考虑文艺创作的个体特点，利用国家财政支持制度和税收优惠政策等政策平台

的调节作用，改变以往文化创意产业投入过度集中的局面，引导社会资金进行多元投入。

从"投大不投小"转向"抓大扶小"，在动漫、旅游演出、艺术品贸易等热门投资之外，设计必要的小型实验项目的创意支持系统，引导部分社会资金投入艺术创意实验和艺术社会公益项目，建立资金引导和绩效评估的多元化机制。利用首都在政策、人才和资源方面的先天优势，构建支持文艺精品创作生产的政府主导型机制、市场主导型机制和社会主导型机制交互作用的良性机制，为文艺精品创作奠定可持续发展的环境基础。

在此基础上，通过特定的传播渠道，进行有目的、有特色的传播，使北京文艺精品所传递的文化信息能得到广大受众的密切关注，并促进产生思想意识、文化修养、美学体验、娱乐感受等方面的效果。利用北京市教育培训资源优势，加大力度培养一批有国际交流能力、文化身份意识和艺术传播技能的策展人、经纪人和管理者，拓展传播渠道、增强传播效果。充分利用北京特有的现场传播、展览式传播和大众传播基础，拓展新媒体传播渠道、提升国际传播实力，全面提升以北京文艺为龙头的中国文化精品对内、对外传播实力。

具体到每一个文化艺术作品，因为其自身的特点而形成了独特的接受机制。作为受教育程度比较高的首善之区，北京市受众已经初步达到积极、主动接受信息的程度。因此，推动北京市建成文化艺术精品创作中心，必须充分考虑北京受众的特点，并利用北京受众高端化的特点，反过来影响和引导艺术家的创作。设立必要的政府级受众调查研究机构，对北京市文化消费水平和艺术接受水平进行深入、系统、持续的研究。

关注科技发展新动向，研究大数据时代文化艺术生产、传播和消费的新手段、新技术，建立文艺生产高效反馈机制，推动文化生产者建立起及时灵活的信息反应机制。研究现代娱乐业中比较突出的主题策划模式、故事产业模式和高科技舞台应用等，制定首都文艺创作的主题引导策略和技术应用推动策略，全面提高首都文艺创作的"创意含金量"和"技术含金量"。

推动票务系统升级，建立演艺活动等项目的数字化信息采集系统，结合各级政府的公共文化服务体系建设平台，构建北京受众研究数据库，并设计相关公共艺术教育和文艺精品受众拓展一体化主题性品牌活动，推动北京市文化艺术消费力的全面提升，构建北京市文艺精品创作、传播与接收的良性循环机制。

尽管具有明显的区位优势，但目前北京市文化精品创作面临着一些与其他区域类似的结构性难题。一方面，借助国家或区域政府投资的大制作舞台表演艺术层出不穷，各类娱乐项目琳琅满目，百姓自发的广场艺术也在迅猛发展。另一方面，高雅艺术、民族艺术受众群逐步缩小，趋于"窄众化"；群众艺术活动的管理体制有待革新，群众自身创新能力有待提升。在一定程度上，北京文化艺术创作除了具有体量庞大、资源雄厚、人员储备充足等优势外，也局部出现了艺术生产过剩、高雅艺术传播效率低下、艺术与社会良性互动不足等结构性问题，艺术自身也呈现出艺术生态单一、艺术创造力不足等发展瓶颈问题。不仅如此，对于人均文化、艺术设施来说，北京市依然存在局部不均衡、城乡不协调等问题。

首先，应该转变观念，在摸清家底的前提下，进行必要的宏观调配，推动传统优势文化资源最大限度面向公众开发，并设计有效平台、推动创意项目开发。避免一味按照标准化、流程化、区隔化的思维模式设计创意资源调配布局，借助有效主题策划，激活在地资源，鼓励既有空间布局范围内的文化艺术机构面向国际、国内市场推出大量精品力作。同时，通过有效的节事活动平台，整合资源，促进行业内交流互动、带动受众成长，全方位激活个体创意资源。

其次，在内容规划和购买力培育方面，政府应该做好文化服务的提供者，借助政府文化或艺术教育项目采购等方式，引导北京市优势艺术及艺术教育资源面向公众，提供更多更好的服务项目。文化事业的发展是文化产业繁荣的前提，没有良好的文化事业做基础，文化产业的发展只会是空中楼阁。比如，北京戏剧产业发展的前提是要有足够多的老百姓喜欢看戏，市场够大。而想要培育老百姓对戏剧、戏曲的兴趣，北京市政府则应当大力发展与戏剧、戏曲相关的公共文化事业，多建一些公益性的小剧场，多举办群众性的戏剧、戏曲活动。从长远看，还应设立专项基金，支持现有的专业文化艺术机构、艺术教育机构和公共文化服务机构进行社会公共艺术教育职能的拓展；推出一系列全民艺术素质提升项目，借助中小学课外素质教育平台和社区公民文化服务平台，设计一批可以在全市推广的全民阅读、全民舞蹈等政府主导型全民艺术项目，可以在全市乃至全国推广青少年艺术参与项目以及老年人、残疾人等弱势群体文化共享项目。

（二）建设全国文化创意培育中心

文化创意培育及其产业发展是一个集聚的行为，它的集聚会产生化学反应，是一个产业集群的概念。其逻辑通常是这样的：创意理念—创意活动及其产品（服务）—产业链（企业）—市场（效益）—创意经济—城市活力。围绕文化创意培育，创意人才、创意活动、文化创意产业是层层递进拓展的关系，通过融入国民经济其他部门，带动国民经济其他部门的产出和就业的增长。创意是人的智力成果，是对文化和知识生产方式的创新，是城市经济发展的驱动力；创意人才是创意经济的核心要素，是创意活动的主体；创意活动是创意的有形化过程，也是创意与产品或服务有机结合的过程，其结果是创意产品；创意产品经由产业链延伸和空间集聚形成创意产业，最终形成创意经济。文化创意产业既创造经济价值又激发城市活力，代表先进生产力，并具有高附加值，成为城市发展的核心竞争力。城市是文化创意培育的主要空间载体，创意经济与城市发展转型具有阶段上的耦合性。创意经济是后工业社会或者消费社会的主要经济形态。在创意经济主导下，产品越来越具有创意特征，生产过程越来越具有创意特征。

创意经济通过文化创意产业的关联作用，带动相关产业发展，产生良好的经济效益、文化效益、生态效益和社会效益，进而促进城市可持续发展。创意的辐射、渗透和融合作用主要有两个路径:一是产业链衍生，以先进技术和持续创新为依托，拓展创意产业链条;二是跨界衍生，打破传统行业和产业的边界融合发展。从价值链的高端出发，一方面通过知识产权转让实现创意产业化;另一方面通过向高端服务业延伸强化生产过程的创意化，实现产业创意化。

创意对于我们当下生活的重要性似乎怎么评说也不为过。对于传播而言，没有什么比创意更为重要的了。早在1986年，著名经济学家保罗·罗默（P.Romer）曾撰文指出，新创意会衍生出无穷的新产品、新市场，并提供财富创造的新机会，因此新创意才是推动一国经济成长的原动力。但作为一种国家产业政策和战略的创意产业理念，明确提出者是英国创意产业特别工作小组。1997年5月，英国首相布莱尔为振兴英国经济，提议并推动成立了创意产业特别工作小组。这个小组于1998年和2001年分别发布研究报告，分析英国创意产业的现状并提出发展战略;文化经济理论家凯夫斯（Caves）力图描述和总结当代文化创意产业的特征。在他看来，文化创意产业中的经济活动会全面影响当代文化商品的供求关系及产品价格。在新的全球经济、技术与文化背景下，创意产业的提出建立了一条适应新的发展格局、把握新的核心要素、建构新的产业构成的通道。随着创意时代的来临,创意经济成为社会发展的主导趋势。有形资产(如机器、工厂和资本)与无形资产(如网络、品牌、知识资本和人才)相比,其重要性发生了颠覆性变化。"创意"越来越多地被用来形容国民经济中从事利用人们的"智力资本"的文化服务和文化产品的生产与流通的部分。事实上,所有保持了长久生命力的世界著名企业都是创意高度发达的企业,而多数世界著名企业家都是富有创意、推崇创意的企业家。

国际经验表明,创意培育中心(创意之都、创意城市)的形成和发展取决于城市优越的区位条件、强大的要素配置能力、持续稳定的市场需求、高效的创新环境。①城市优越的区位条件,一般是国际性、全国性和区域性的经济中心。②强大的要素配置能力,一是城市综合要素配置,二是某种类型的创意行业的专业化要素配置。③持续稳定的市场需求。创意及其成果的转化需要健全的市场,包括组织生产和传播消费等,如伦敦、纽约集聚了各类政府和非政府组织总部、各类企业和专业组织总部,其影响力能够辐射全球。此外,创意培育与发达的信息网络密切相关。创意成果转化离不开产业化能力和消费市场,更离不开信息传播能力。拥有强大的辐射范围、广泛的各类通信网络、传播媒介,如报纸、杂志、电台、电视台、出版社、图书馆、文化馆等,是创意培育中心建设的支撑。就此而言,中国大陆的北京、上海作为世界尤其是全国数据信息知识的传播中心,有利于创意人才获得最新、最前沿的信息,是建设创意北京的基础。⑤高效的创新环境。创意培育离不开对创造力的投入，包括教育基础设施和产业集群发展两个方面。城市创意能力的提升离不开持续的创新和人力资本投资。拥有高质量的培训教育和研究机构，有利于创意人力资本的提升。此外，产业集群的发育程度是衡量城市创意氛围的重要指标，包括制造业、高新技术产业、文化产业等地方性生产网络在内，创意培育中心建设与产业集群优势密切相关。如纽约的百老汇戏剧表演、伦敦的歌剧表演、巴黎的时装、米兰的家具设计、洛杉矶的电影产业等，都离不开当地大量具有共同特征的文化生产部门、创意团体、个体艺术家和创意企业，这些团体和企业是创意培育中心建设依托的环境。创意培育中心及其成果转化在城市某些地方集聚，文化企业、非营利机构和个体艺术家集聚和互动，形成城市内部独特的区域创新体系——创意产业集群。有利于创意企业通过市场交换、知识外溢和非正式交往等活动提高其创新创意能力，减少交易成本，增强市场竞争力。就北京而言，集中了国内最有影响力的高校、科研机构等技术创新和人文艺术教育基础，是新知识、新思想和新技术的发源地，是吸纳创造性人力资本的磁力中心。独特的人文环境指有利于创意人群生产、体验和消费的文化环境，有利于创意人群生活的基础环境。所谓文化环境包括三个层面：宽容的社会氛围，主要指市民宽容的态度，如鼓励创新、包容失败、崇尚个性、平等自由等；多样化的文化风格和多层次性的文化消费，尤其是具有实验意味的各类青年亚文化的活跃度；特色鲜明的地域文化、城市悠久的文化传统和充满活力的文化氛围、开放多元的文化环境有利于吸引具有国际影响力的艺术大师和波希米亚族群的入驻，形成多个以艺术家为主的艺术性聚落，使与艺术紧密相连的广告设计、环境设计、产品设计、包装设计等工业设计得到快速发展。所谓生活环境包括适宜居住的生态环境、充实的商品市场和消费性服务、现代化的城市基础设施等。创意人才在市场流动中表现出城市文化环境指向，其区位选择影响创意产业的空间布局。创意人才关注城市服务、文化传统、自然环境以及良好的居住环境。地域文化特色鲜明的城市，有着独特的历史文化资源，或是某一产业非常发达，有大量专业化的创意人才和创意团队，在世界范围内具有影响力。创意经济发达的城市通常都聚集着大量的文化生产部门，具有较强的创意产品供给能力，如伦敦是歌剧、音乐和时尚活动中心，纽约是世界舞蹈之都、当代艺术品交易中心，好莱坞是世界电影之都。

通常，创意培育中心的选择具有城市指向性，既包含共性条件的综合性要求的满足，也需坚持特殊性要素以满足设计类、艺术类、传媒类、软件类等不同创意培育所需的个性条件（图7-1）。

作为综合性的共性条件来讲，城市经济发展水平、城市功能、产业配置和非政府激励等是创意培育及其产业发展所需的基本条件，决定了创意培育中心在区位选择上倾向于区位势能较高的城市。国外如伦敦、纽约、巴黎、东京等，国内则是北京、上

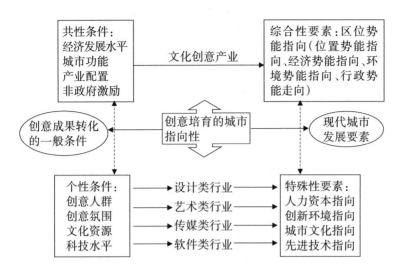

图7-1　创意培育的城市选择与要素支撑

海、香港等国际化大城市。在区位势能作用下，城市和创意培育及其产业发展会在多方面产生相互耦合与功能叠加，出现向区位势能高的城市布局的强烈冲动。区位势能高的城市并不是所有创意行业都发达的城市，因为不同的创意行业发展需要城市具有一定厚度的特殊性要素支撑，如包括工业设计、建筑、广告、时尚设计和时尚生活等在内的设计类创意行业，无论是创意培育还是成果转化，对创意人才的个人创造力、技能、才华、知识等人力资本具有很强的依赖性。这类创意产品生产具有小批量、差异化的专精特点，需要创意人员的相互交流和持续创新，以提高生产效率和专业化程度。因此，这类行业在城市区位选择上要趋于专业性创意人才集中的地方，在相关院校和科研院所周边往往形成设计类行业的集聚。

（三）建设文化信息传播中心

北京因独特的地缘资源而具有综合优势，文化信息传播不仅限于发挥地方传媒的作用，在很大程度上还承担着贯彻国家意识形态的建设与传播任务，包括传达中央精神、发布新闻、推广社会教育及文化娱乐等，同时承担着面向世界、推动中华文化"走出去"的任务，形成文化的国际影响力与感召力，演绎阐释好"中国故事"，坚定建设国家文化信息传播中心。

1.充分利用北京文化信息传播的政策优势

20世纪80年代，在党的十一届三中全会后，改革开放政策为传播业发展营造了宽松良好的政策环境，北京影视广播、报刊图书出版业等在这一时期得到了快速而持续的发展。进入20世纪90年代，在市场经济体制的推行下，我国文化艺术在与市场的对接过程中经历着产业化过程，首都北京传媒业也在变革发展的潮流中开始进行相应改革，走上传媒产业化的道路，以逐步适应市场经济要求。1992年6月，中共中央、国务院颁布《中共中央、国务院关于加快发展第三产业的决定》明确将传媒业划入第三产业的范畴。党的十四大召开以后，社会主义市场经济体制得以确立，传媒业开始整体走向市场化，面向市场经营。1995年是中国传媒业发生根本变革的一年，投资传媒业的主体逐渐从政府转化为媒体自身。20世纪90年代以来，传媒业改革政策的出台和对发展趋势的展望都是最先源自首都北京的新闻信息传播，进而受到北京传媒业的直接响应并逐步在全国推进。

2001年出台的中央17号文件标志着中国传媒业格局向前发展了重要一步。文件规定，进一步放开媒体公司上市和融资政策。据统计，截至2012年9月底，我国共有57家文化企业通过上市投融资。从行业分布看，居于首位的是出版业，占比为40%，这些企业几乎全部为国有控股，国家严格控制着其持股比例，国有资本垄断严重；其次为广播电影电视业，比例为23%；最后是网络文化服务业，占比为16%，这些企业借着"技术驱动"的旗号在境外上市的居多；信息传播服务业和影像业分别有4家、3家，占比不足10%，这两个行业之所以上市困难，一个重要的原因就是其产业链盈利模式不够清晰，难以满足首次公开募股（IPO）上市的要求。[1]当时，受众市场一直强健的《北京青年报》希望成为第一家直接上市的纸质媒体，在2001年完成了新闻内容与经营行为的分离，后经北京市财政局、工商局、体制改革办公室等相关部门批准后进入上市辅导期，并在2004年作为全国35个文化体制改革试点单位之一，在香港联合交易所上市，由此从"事业制"转型为"集团控股制"，完成了体制改革，成为中国内地纸质传媒企业第一股。《北京青年报》为符合现代传媒发展的需要，很好地将公益性文化事业和经营性文化产业结合起来，提升了《北京青年报》的舆论影响力与市场竞争力。与此同时，从2001年下半年开始，中国电视传媒的发展形势经历着重大变化，实行频道专业化，合并有线无线，取消县级台并建

---

[1]高宏存、唐瑞雪：《文化企业上市融资问题研究》，《学习与实践》2014年第3期。

立省级公共频道。在此发展趋势下，北京电视台将都市化、市井化、时尚化等作为自己的节目特色，以适应在新的发展时期文化信息传播的需求。中央对北京媒介传播也做出了规划要求，在中央商务区（CBD）形成中央电视台、北京电视台、新浪网等媒介机构的聚集地，在北京东区形成全国传媒产业中心。[①]

2003年，国家新闻出版总署对全国报纸杂志做了整顿，并在同年6月份开始文化体制改革，中央在9个省确立了35个试点单位。体制变革带动媒介改制，北京媒介传播抓住机会在政府管理、行业自律、传媒产业自主经营的前提下，利用好发展政策谋求更大发展。2005年，北京城市总体规划将宣武区（现为西城区）的功能定位为国家新闻媒体聚集地之一，其目标主要是把北起宣武门、南至南二环滨河路的国际传媒大道发展成为传媒产业的中心，即以金融、商业、商务、通信、娱乐等相关配套服务产业为支撑的传媒产业社区，为中外各类传媒机构、集团、组织、企业进行传媒信息、传媒产品的汇集、发布、编辑、展示、交流、交易、经营等提供服务。中央做出的一系列决策，目的在于推进我国传媒业改革，进一步提升文化信息传播竞争力、影响力。北京传媒业进入了体制和产权结构变革期，打开了发展与经营的思路，发展了集创意、内容、技术、营销与增值业务等为一体的传媒运营模式，为市场化开拓了更为广阔的空间。

2.整合全国优质文化信息传播资源

---

①惠东坡：《北京地区传播媒介的生态环境》，《北京社会科学》2005年第4期。

　　北京拥有的新闻文化事业优秀单位的数量在全国首屈一指：大约全国五成的出版社以及1/3以上的报刊社聚集在北京，另外，还有如北京广播影视集团、北青集团、北京出版集团和京报集团等众多影视机构和传媒集团等。这些都是北京建设文化信息传播中心不可或缺的重要基础与资金来源，不包括属地的十多家国家重点建设的国家级媒体传播机构。随着北京传媒业近年来的快速发展，涌现出一大批新锐的传媒企业与媒介机构，比如光线传媒、华谊兄弟等，以及新浪网、搜狐网、首都在线等各大网站。这些新兴的、代表着时代最新媒介技术的媒介文化传播平台，满足着北京乃至全国各层次受众日益增长的精神文化生活需要，并摸索出打造传媒品牌与资本运作以及媒介传播娱乐一体化、媒介文娱工业化、优势资源共享等方面的成功经验，极大地推动了北京乃至全国的媒介传播业的巨大发展，产生了深远影响。

　　北京汇聚了各方实力传媒，北京的传媒业在发展过程中与京外传媒联手，增强了媒介传播的市场影响力。2003年，《南方日报》与《光明日报》两大报业集团合办的《新京报》，是我国第一家由不同地区的两个媒体集团合办的大型日报，也是我国第一次中央级党报集团与最具有市场开拓力的省级党报集团的合作，现在已经成为北京地区传媒市场中一支高覆盖率的主流纸媒的强势力量。同时，北京在政策、人才、受众、广告、市场等资源上具有优势，吸引聚集了很多京外媒体与海外媒体的办事处与分支机构，这些都加强了北京文化信息传播的影响力与辐射力。

3.文化信息传播要走国际化、立体化之路

北京传播的国际化优势在于北京吸引了众多境外新闻媒体在京设分社、分机构与办事处。我国加入世界贸易组织以后，境外传媒业资本以各种方式进入了北京媒介传播市场，比如，中央电视台与富士电视台合作，由富士电视台在手机新闻网站上传播中央电视台的新闻；清华同方与维亚康姆签署合作意向书，整合资源优势，在传统媒体与数字传媒等方面展开多种合作；在北京开通了中美俄三国联手建立的第一个全球高速宽带网络；美国MTV音乐频道与北京电视台合作推出了有一定反响的音乐栏目等。这些来自国际媒介传播的元素对北京本地由于传统文化而显得较为呆板单一的媒介传播带来冲击，促进北京在文化信息传播方面与时俱进，不断探索与变革。

《北京市国民经济和社会发展第十二个五年规划纲要》指出，"适应全球化发展与竞争要求，致力于加强文化产品和服务贸易，构建高效的传播网络，塑造有亲和力的文化环境和社会氛围，鼓励优秀文化走向世界，显著提高首都文化的国际影响力。""加强文化传播基础设施建设，积极利用数字传媒、网络技术等现代科技手段，大力发展新兴传播，拓宽文化传播覆盖面和影响力。打造全国领先、具有国际影响力的传媒集团。大力发展文化经纪人市场，发挥其文化营销和文化传播的'渠道'作用。有针对性地开展对外宣传，注重与海外媒体合作，打造'魅力北京'文化品牌。"在面对促进北京文化信息传播进一步发展以及与境外文化信息传播的竞争问题上，北京对整体的传播环境与传播格局形势进行准确分析，综合利用各方优势资源，吸收采纳各种形式传播的成功经验，不断壮大自身，争取在国际文化信息传播格局中占有一席之地。

4.文化信息传播要重视培育国内外受众市场

北京要建设文化信息传播中心，需要在影视广播、报纸杂志、网络媒体、微媒体、文化产品以及文化贸易等多方面，在全国乃至全世界范围内，形成较大影响力与辐射力。北京的文化信息传播，首先，要满足北京本地区的受众要求。北京人员构成复杂多样，外来人口与流动人口占有相当比例，人员层次、人员素质覆盖社会各个阶层，并且拥有一定数量的国际人口，这些都共同构成了北京文化信息传播受众群的基本面貌。由此决定了北京文化信息传播的多元化形态，并且要与国际化接轨。其次，北京城市自身的文化氛围与历史传承，造就了受众对传媒产品、文化信息的更高期许与要求。近年来，北京各种传媒文化迅速涌现，正是满足了受众市场对前沿信息、文化时尚内容等的大量需求。为适应新的传播形势，具有传统优势的中央电视台、北京电视台、《北京晚报》等各种形式的主流媒体在面向受众市场的传播实践中，逐步推进变革与栏目改版，以满足受众的要求。

（四）建设全国文化要素配置中心

区域文化经济发展的现代性、文化产业空间布局的先进性与合理性之间存在着一种力的同构关系。文化产业要素布局和流动的内在原因是文化的经济利益。在市场经济作用下，因为城市的人口更集中，经济较其他地区发达，居民收入、消费能力较高，消费结构变化也快于其他地区，所以在城市进行生产供给，更易于传播、流通、销售和消费，能更好地形成生产者与消费者之间的互动，有利于减少成本、扩大规模，符合其追求利润最大化的目标。同时投入的生产要素回报率高，也有利于资源的流动和文化产业规模报酬的递增。因此，文化产业具有资源依托和城市依托的布局规律。文化产业布局的这一依托规律也就使得文化产业在资源禀赋区、城市消费区集中。依据文化产业的自身发展要求，文化市场将不断地开发、挖掘配套，从而形成产业集中现象，文化产业在区域城市进行空间集聚，构成了城市产业的一部分，从而调整城市结构，推动城市功能的完善。

文化产业首先从资源区、城市区产生，随着资源的持续有效开发、文化生产力的发展、激烈的城市文化产业市场竞争，以及资源区、城市周边地区的经济发展，资源区、城市和周边地区逐渐产生互动，文化产业可以布局的空间范围随之扩大。在利益的驱动下，文化产业布局根据市场需求进行区位选择，逐渐向周边地区辐射，并带动周边地区的文化投资与文化消费，文化产业呈现出了以资源、城市为中心，向周边辐射发展的态势和规律。国内外的历史实践均已证明，发达的文化产业都产生和发展于规模大，经济、文化、技术、信息发达的地域。

　　城市经营的目标是城市整体利益最大化,而非单纯的利润最大化。对城市社会文化要素的经营是指通过对城市社会文化系统的整合,加强和提高城市竞争力。强调城市社会文化要素对城市经营的影响,更需要加强对这种影响的作用机制和时空特征的研究,进而构筑城市经营的内容体系。文化对区域经济的影响集中体现在区域经济的竞争力强弱上,它影响着经济活动的软环境。在城市经济活动的过程中,城市政府、企业、市民以及行业和市民组织等都会对其产生不同的影响。根据文化观念的区域差异性,通过对区域群体观念和文化心理结构的探寻、描述、分析,扬长避短,并通过改善地方交通、增加内外交流、进行制度创新、加强政策引导、发展要素市场,能动地促进观念变迁,使其发挥先驱作用,从而达到城市发展的整体利益的最大化。城市社会文化要素经营的着力点在于市民素质、企业文化、政府制度文化与行为文化、人居环境、城市形象(精神形象与景观形象)以及文化产业。文化产业是城市创新能力的重要反映和标志,文化产业对城市整体形象的塑造、增加城市文化含量以及提升城市文化品位具有显著的强化作用,文化产业以特有的产业结构整合方式强有力地激活了城市的综合服务功能。

　　城市的功能指的是城市在国家或地区的政治、经济、文化生活中所承担的任务和作用,从本质上看,是对人们生存的作用及意义。由于人们生活的复杂性,城市内部往往又有不同的功能分区,不同功能区的相互关系形成城市功能的空间结构。工业城市的主导功能是生产功能，同时还承担了人们在城市生活所需要的其他方面的功能。但是随着城市产业的增加及人口的增多，城市最终因功能负荷过密而产生地价上升、场地拥挤、环境污染等一系列城市问题，这说明工业型主导的城市已经无法实现城市功能的正常化，更无法论及功能的优化配置。于是促生了城市的新功能，即消费功能，这标志着城市发展从工业城市阶段进入大都市城市群阶段。

首先，北京作为我国的政治中心，积极培育文化要素市场，合理配置文化生产要素，具有政治功能。由于文化产品和服务所蕴含的文化内容具有民族性、地域性和国家性，并且具有独立性、联系性与传承性，体现着个人、民族和国家的统一利益关系，这种关系能唤起人们强烈的认同心理，进而可上升为共同的理想信念和奋斗方向，并转化为统一行动，从而形成民族和国家凝聚力。随着文化与政治进一步相互渗透和融合，这种积极的功能更能发挥完善政治结构，促进政治文明建设的作用。

其次，北京作为我国的经济中心，积极培育文化要素市场，合理配置文化生产要素，具有经济功能。文化产业使具有文化价值的文化资源成为生产要素，参与生产、交换、分配活动，带动产品生产、商品流通，直接创造经济效益和经济财富。文化产品和服务是使用价值和价值的统一，成为可供市场消费的对象，通过文化消费实现文化产品和服务的经济价值。目前国际大都市的发展战略均是通过整合经济和文化活动，来增强城市发展的生命力。文化生产力是社会生产力的重要组成部分,发展文化产业就是解放和发展文化生产力,增强经济的文化力量,使其成为拉动国民经济增长的重要力量。

再次,北京作为我国的文化中心,积极培育文化要素市场,合理配置文化生产要素,具有文化辐射并提升文化竞争力的功能。新时代中华民族伟大复兴,绝不仅仅是经济的增长,还必须是文化繁荣的大发展,是政治、经济、文化的全面复兴。文化产品和服务的文化性、知识性加之艺术性、审美性、娱乐性等,使其比一般商品更具文化、知识内涵,不仅可以满足人们的心理和精神需求,而且其显性和隐性的教化作用能够逐步地提高全民的科学文化素质和精神素养,从而提高国家文化形象和核心竞争力。同时,文化也是社会的文化,以其时代特征、地域风格和民族样式来协调群体关系,文化活动的公众性,对社会关系具有重要的整合和润滑作用,对社会凝聚力具有重要的增强作用。

北京成为文化生产要素配置中心,依托文化资源进行配置和建设,提高资源使用效率,带动资源地的经济和文化发展,通过合理优化产业布局,形成产业集群,产生规模经济效应、学习效应、互动效应、区域品牌效应以及扩散效应,推动城市、发达区域的文化企业向农村、落后区域合理分散,促进文化经济的均衡发展。北京的文化产业发展目前还有许多不足,但市场建设的基础相对较好。随着北京积极培育文化要素市场,人才指数、技术指数和包容性指数会随之增加,从而达到文化事业全面繁荣,人民思想道德水平显著提高，文化体制活力迸发，文化创意产业发达，城市文化魅力和文化影响力增强。北京要合理均衡地配置多种文化要素，培育文化生产要素市场。

作为城市竞争力的有机组成部分，文化软实力在经济全球化和知识经济时代，日益显示出了增强城市凝聚力、辐射力和影响力的巨大溢出效应。北京历史悠久、人文荟萃，集聚了全国最优质的文化教育资源，具有加快文化建设，构建城市文化软实力，建设文化强市的优越条件。

完善文化产业系统划分与产业要素的界定是当前我国发展文化产业的迫切需求之一。文化产业是一个系统工程，通过对要素的界定与深入分析实现文化资源和社会资源的优化整合。运用系统方法可将文化产业系统划分为八个要素：文化资源要素、人力资本要素、技术要素、管理要素、市场要素、环境要素、资本要素、制度要素。其中，文化资源要素是文化产业发展的重要基础和核心要素，基于文化资源嵌入性的特点，具有渗透性作用；市场要素是发展的核心驱动力；具有导向性作用的是制度、管理和人力资本要素；支撑文化产业发展的是资本、环境和技术要素。北京要合理均衡地配置多种文化要素，目的是率先建立公共文化服务体系。从公共服务的角度讲，北京作为首都，不仅要服务于北京市民，还要服务于全国人民。通过文化产业的规划布局，合理引导资本投向，坚持城乡、区域文化产业的协调发展，防止城乡、区域文化产业的差异扩大、分化。文化产业发达地区要大力推动新兴文化产业发展，加快文化产业升级，不发达地区要加快文化产业转移，以满足、发展全国各地城乡居民对文化产品和服务的需求。通过更科学、系统的创新方式，以更为宽广的视野，北京的文化资源配置面向全国、面向世界，提升我国的文化竞争力。

北京要积极培育文化生产要素市场，目前北京的文化生产要素市场尚未建立，文化生产要素大部分通过行政指令等途径调拨，市场配置过程总体上还处于零散、短缺、规模狭小的状态。文化生产要素市场由土地建筑物市场、资本市场、技术设备市场、人力资源市场、知识产权市场、文化信息市场等构成，其中交易主体由生产要素的供给者和需求者构成，中介主体由经济代理和信息咨询服务等中介组织构成，政府作为我国产业市场发展的政策引导者，构成管理主体。北京的文化生产要素市场目前存在的问题主要有：市场主体的缺乏，市场机制的不健全，要素配置的高成本，知识产权、资本和人力资源三大要素的市场配置程度尚不能满足文化生产的需求增长等。北京应更新观念，积极整合城市的文化资源，形成文化产业集群的比较优势，要深化文化管理体制改革，创新文化产业发展机制，要建立科学的人才机制，培养文化产业发展所需要的高端复合型人才，要拓宽文化产业融资渠道，要积极试点，精心塑造文化品牌，延伸文化产业价值链。

依照经济生产和消费互动关系的基本理论和实践活动，文化市场包括文化生产市场、文化传播市场、文化流通市场以及文化消费市场。积极培育文化生产要素市场是为了促进文化产业发展，从而提升文化核心竞争力，最终建设文化强国。而文化消费能力的提升，可以拉动文化消费需求的增加和文化产业的生产发展，这是文化消费与文化产业发展的总关系。我国目前的文化消费环节存在着巨大的缺口，要加强文化消费与文化生产之间的结构关系，需求结构决定生产结构、产业结构，这是现代产业结构发展变化的一个规律。

（五）建设国际文化交流展示中心

从文化发展看，北京是中华优秀传统文化和现代文明交汇的窗口，也是我国文化艺术人才、文化设施、文化总部和文化资本最为集中的地区，这为北京建设国际性文化交流与展示中心提供了现实可行性；从自身实际看，北京目前已经发展成为拥有2000多万人常住人口的超大型城市，加强国际性文化交流活动已经成为北京的必然选择；从未来发展看，随着综合国力的日益强大，北京理应代表中国在政治、经济、文化等诸方面发挥国际中心的影响和作用，定位国际性文化交流展示中心是北京服务全国的战略优选。经过多年的规划发展，北京已成为国际文化交流展示中心，并奠定了一定的资源基础。

在城市空间布局和文化场所等硬件发展建设的同时，北京市意识到软环境对促进国际文化交流的重要作用，软环境要从两个方面看：

其一是充足而稳定的本地消费群体。文化贸易相关理论与实践证明,文化产品贸易的形成往往建立在巨大的内需基础上,即文化产品在当地具有巨大、成熟的文化消费市场。这是吸引文化企业和项目争相入驻的基础。近年来,北京一方面致力于公共文化体系的建设,满足不同地区居民的实际文化需求;另一方面也积极培育居民的文化消费习惯。2013年,北京人均GDP达到1.3万美元,但是北京文化消费量还有很大的拓展空间。为了改善北京的文化消费结构,2013年,北京举办首届惠民文化消费季,这对一个城市的气质提升,对北京打造世界都市过程中文化标识的确立,对市民文化行为的养成都具有重要的现实意义。

其二是搭建功能齐全的文化服务平台。作为国际性的文化交流与展示中心,需要创新、包容的城市精神,需要文化、法律、金融、科技、人才等多方面支撑条件。"创新""包容"正是北京城市精神的体现,而这种精神也体现在北京的文化活动中。在制度软环境建设方面,从2006年北京提出发展文化创意产业以来,北京市从不同层面逐步完善健全产业发展的制度环境,倡导科技与文化的融合,大力培育或引进相关人才,为文化事业和文化产业的发展培育了良好的氛围和条件。此外,北京市政府还强化了自己作为服务型政府的功能定位,为"走出去"和"引进来"的文化交流项目做好咨询、服务工作。一个功能齐全的国际化交流服务平台正在形成。这种交流服务平台一方面加强了北京同世界各国之间的交流与合作,使其成为国际友好交流的一条纽带;另一方面也服务于北京的国际文化贸易活动。

从交流内容看，国际文化交流与展示是文化内容产品的交流与展示。进入国际文化交流渠道的产品数量和质量决定了该城市在国际文化交流活动中的地位。

从国际交流活动的数量来看，截至 2012 年 12 月 31 日，北京市文化局共受理出访国外及港澳台地区文化交流项目 152 批 3525 人次。其中，出访国外及港澳台地区 112 批 2195 人次，引进国外及港澳台地区 40 批 1330 人次。北京市坚持实施文化"引进来"和"走出去"工程，有效扩大了中华文化的影响力。

从文化贸易的产品数量上看，北京的文化产品和服务进出口持续稳定增长。2012 年底，北京市文化产品进出口额达 6 亿美元，同比增长 6.3%，其中出口额达 1.6 亿美元。从全国来看，北京地区文化产品进出口规模在各省（市）中排名首位，占同期全国文化产品进出口规模的 30.7%。文化贸易进出口总额达到 30.54 亿美元，同比增长 15.55%。北京文化贸易企业主要通过海外授权、项目国际合作、境外直接投资等形式实现国际化运作，更加注重利用具有自主知识产权的原创文化产品和服务拓展海外市场。北京的文化产业及对外贸易顺应社会文化经济发展规律，呈现出健康良好的发展势头。①

从交流展示的产品内容上看，北京对外文化贸易经历了从文

---

①北京第二外国语学院国家文化发展国际战略研究院、国际服务贸易暨国际文化贸易研究中心编《首都文化贸易发展报告（2013）》，中国商务出版社，2013。

化资源对外呈现到自主创新产品力拓海外市场这一发展变迁
过程。

北京作为建设中的世界城市和国际文化中心，引领着先进文
化的发展方向，随着建设"东方演艺之都""亚洲演出之都"目
标的实现，首都演艺产品对外贸易呈现出繁荣、健康的发展景
象。2012年，北京市演出产业贸易处于稳中求进的态势，其中不
乏亮点，既有旅游演出业的持续升温和演出机构运营模式的加速
转变，也有演出产业多元化格局的初步形成。随着文化体制改革
的不断深入，北京市新增注册的民营艺术院团呈现井喷式增长，
仅半年就超过2011年全年新增注册总数。

广播影视产业方面，民营资本助力北京影视对外贸易。北京
影视业的发展状况，离不开民营企业的支持。在文化贸易方面，
民营企业的作用也不可小觑。越来越多的影视企业走出国门，在
海外有着迅猛的发展。仅2011—2012年，北京就有18家企业和7
个项目被评为国家文化出口重点企业和重点项目。为鼓励更多企
业走出国门，北京市广电局在2012年组织12家企业赴法国戛纳
电视节参展，共展出电视剧31部、纪录片16部、动画电影1部，
实现交易金额120万美元，达成合作项目金额320万美元，为历
年之最。

在图书版权业务方面，出版单位"走出去"意识得到强化。
我国出版业改制、集团化、股份制、上市等阶段性战略的实施，
促成国有和民营出版单位不同程度上实现了转身，数字出版技术

推动新型出版单位异军突起并角逐出版领域。图书出版"走出去"战略成效显著，版权贸易呈增长趋势，尤其是引进版权数量增长较大。与此同时，2012年北京图书出版业的整体实力和国际竞争力在一定程度上得以提升，一些知名出版单位开始有意识地进军国际市场。传统图书出版业进一步向规模化、集约化、专业化发展，图书出版新业态迅猛发展，图书出版产业体系、结构、布局不断优化，出版传播能力显著提高。

新媒体产业则步入内容为王时期。2012年，中国的新媒体领域发展迅速。以广告为主要营收模式的网络视频行业保持了较快的增长势头；手机首次超越台式电脑，成为第一大上网终端；同时，强调"多屏合一"的互联网企业也开始试水电视屏。2012年1月至11月，文化产业中与新技术应用有关的领域发展迅速。互联网信息服务行业、无线广播电视传输服务行业、卫星传输服务行业等均实现了较大幅度增长。2012年，北京动漫游戏产业总产值达到167.57亿元，相比2011年的130亿元增长约29%；出口15.6亿元，相比2011年增长约30%；影视动画生产总量为34492分钟，约占全国总量的7.1%。2012年，中国网络游戏企业海外收入规模达到55.2亿元，增长率达53%，整体增速平稳，行业已过集中爆发期。中国原创PC网络游戏海外出口持续增长，总计有40家中国网络游戏企业的177款国产原创网络游戏进入海外市场，海外出口实际销售收入为5.7亿美元，较上年增长57.5%。

作为第三产业中的重要组成部分，会展成为北京重要的绿色增长点。2012年，北京会展业依托信息、科技和文化等独特优势获得了较大发展。会展业正从单纯的会议业和展览业走向集会议、展览和奖励旅游等多业态融合发展的新阶段。2012年，北京全市规模以上会展单位实现直接会展收入250亿元，比2011年增长21.8%，从业人员达21.9万人，比2011年增长2.7%。伴随着会展业总体规模的不断扩大，会展业在带动相关产业发展，促进首都经济发展方式转变方面发挥着积极的促进作用。各类专业展会已成为参展商和参会者拓展国际市场、提高产业整体水平的重要途径。

从交流渠道看，良好的软硬件环境，丰富的文化内容，只有配备畅通多维的交流渠道，才能收到良好的交流效果。一般来说，国际文化交流的渠道可以分为两类：政府和民间。政府渠道是指由政府出资或主导的国际文化交流平台。多表现为由政府搭建的文化年、大型文化节庆、文化交易会、文化艺术奖项以及政府之间通过文化交流协议进行的文化团体的互访。政府渠道具有规模宏大、影响广泛、社会效益显著的特点。近年来，北京市政府支持的文化交流项目突破了传统的"老三样"模式，向深层次交流发展。文化交流活动品牌化、文化"走出去"、拓展商业贸易渠道等成为亮点。

在交流活动品牌建设方面，北京承办和培育了一系列重大国际体育赛事和文化活动。其中，中国国际网球公开赛、北京国际马拉松赛、北京国际斯诺克赛等赛事的国际影响力巨大，大学生电影节、国际旅游节等文化交流活动也颇具影响力。国际园林博览会、世界草莓大会、世界葡萄大会、国际种子联合会年会等农业领域大型国际会议，科博会、文博会、节能环保展、国际汽车展、服装服饰博览会等展会在北京的举办又进一步提升了北京的国际影响力。在文化艺术交流方面，北京实施了北京国际艺术节海外推广计划，创办北京国际电影季、北京国际儿童艺术节、北京国际图书嘉年华、北京国际音乐节、北京国际戏剧舞蹈演出季、相约北京联欢活动等品牌文化活动。此外，北京市还通过每年举办"北京国际教育博览会"和"诺贝尔奖获得者北京论坛"等重大国际活动，积极参加国家级和市级的高层次对外合作交流项目，充分利用友好城市的资源优势，积极打造对外合作交流平台。北京国际教育博览会举办七年来，共吸引60多个国家和地区的近3000个教育机构参会，举办了330多场论坛、洽谈会、讲座、项目说明会等活动，签约合作项目200多个，观众累计超过45万人次。通过多种渠道形式进行国际文化交流，国际一流文化项目纷纷落户北京。

除了依托在京举行的大型会展活动以外，北京市仍然不断探索尝试文化"走出去"，着力打造"魅力北京"文化品牌，在系列文化年活动中凸显北京的价值，开辟了文化交流的多种渠道。2012年，北京市以文化节、文化周、非遗展示等方式，面向主流国家、主流城市和主流人群开展文化交流，取得突出成绩。仅2012年，北京市文化和旅游局便为芬兰、爱沙尼亚、西班牙、德国举办了"欢乐春节"活动,为阿尔巴尼亚、肯尼亚举办了"北京之夜"综艺演出,为纽约举办了"北京文化节",还举办了德国中国文化年北京文化周活动、土耳其中国文化年北京文化周活动、俄罗斯中国文化节北京文化周活动,精心筹备了伦敦奥运会"北京文化周",举办了"2012两岸城市互访系列——北京文化周"等。在众多交流形式中,北京市特别重视中国传统文化的呈现,推动非物质文化遗产"走出去"。选派京剧、昆曲艺术主动走出国门,传播中华优秀传统文化,展示我国非物质文化遗产保护和传承的成果。

除了传统的政府为主导的交流渠道外,北京市也充分利用发掘城市资源,积极探索促进文化贸易发展的新机制、新形式,创新拓展文化贸易服务渠道。2012年,北京国际文化贸易服务中心在临近首都机场的北京天竺综合保税区奠基开建,这是国内首个依托空港保税区建设的"文化保税区"。它以国际文化商品展示交易中心、国际文化贸易企业集聚中心、国际文化物流中心为功能定位,处于中国开放层次最高、政策最优惠、功能最齐全、最接近于自由贸易区的综合保税区内,将有效利用保税区政策,为国内外文化产品和文化项目提供生产、展示、推介、交易、仓储、物流等综合服务。在奠基仪式上,文化部正式将北京国际文化贸易服务中心命名为国家对外文化贸易基地并揭牌。

文化交流的另一个重要渠道则在民间。仅仅依靠单一的官方渠道已很难满足需求,必须通过全面的"民间化",建立多渠道才能真正实现文化全面的交流。民间交流渠道一直是国际文化交流的重要形式，具有形式多样、灵活高效的特点。民间组织在北京的文化交流活动中扮演着十分重要的角色。在北京，各种形式的民间文化交流非常活跃，民间资本也大力助推了文化贸易的发展。北京汇聚着众多代表国家水平的各类学术团体、艺术机构，它们在相应的国际组织中发挥着建设性作用。在北京，也有为数不少的非公有制文化企业、文化非营利机构在对外文化交流和文化贸易中发挥作用。此外，在京的海外侨胞也积极参与中外人文交流活动，这些民间交流渠道都扩大了北京对外文化交流的参与面。

总体来说，北京的文化交流渠道体现出多层次化、多样态化的特点。在推进政府主导的文化交流的同时，北京依然在积极探索社会化、市场化的运作方式，把政府项目与商业运作结合起来、政府交流与民间交流结合起来、文化交流与文化贸易结合起来。

建立北京文化之都的国际形象。城市发展的核心在于它不断寻求创造繁荣自身的途径，作为中国北方最大的城市和全国政治文化中心，北京对内汇聚全中国的资源，对外有广泛的国际联系，具有其他城市没有的、不可替代的地位。作为亚洲典型的世界性城市，北京的全球化进程表现出了强劲的发展势头。2012年，北京成功入选联合国教科文组织评选的世界设计之都。

2008年前后，借助举办奥运会的契机，北京加强了与国际的交流和合作，城市化、现代化水平显著提高，国际形象显著提升。2010年，中国社科院发布的《全球城市竞争力报告（2009—2010）》指出，包括北京在内的中国城市的整体竞争力接近世界中等水平，特别是在国际影响力、跨国公司指数方面，北京已超世界城市巴黎，其经济规模在全球排名为第16位，是中国未来10年最具潜力的城市之一。

2012年，中国社会科学院发布《全球城市竞争力报告（2010—2012）》。在进入榜单的亚洲城市中，北京成为过去六年中竞争力指数提升最快的城市之一。2011—2012年，北京城市竞争力位列全球第五十五，比2009—2010年稳步上升五位。而在全球城市竞争力的分指标中，北京的跨国公司指数、产业层次等都已经进入全球前十名。在综合竞争力方面，北京虽然与公认的四大世界城市纽约、伦敦、东京、巴黎相比还有较大差距，但是在分项排名中，北京有几项表现得比较出色：在企业本体中排第五位，跨国公司指数排名第六位，当地需求排第七位。这一报告中，还有一个很重要的指数：全球联系。这一指标主要是通过经济、政治和国际的联系程度，举办国际会展、城市在国际上的知名度、城市的自然区位，以及航空、公路、互联网等方面的对外基础设施来衡量的。在这一方面，北京在500座城市中排第十三位。数据表明，北京目前已处于世界城市的腾飞起步阶段，经济已进入高速增长时期，并且开始重视经济增长方式的转变，产业结构高端化趋势凸显，成为中国的现代服务业中心和高端制造业、高科技研发中心。

（六）构建北京文化人才的集聚机制

人才集聚可以有效整合人才资源，降低人力成本，推进区域间人才资源的整合交流。健全的人才集聚机制，则能确保人才集聚内外部各个环节在产业经济大环境下有条不紊地高效运行。

人才集聚具有一定的空间流动性、目标指向性，在集聚发生后会产生规模效应、产业效应和经济效应。而且，这种人才可能是具有同质性质的同类人群或者是非同质性质的不同类型的人群。

在已有的人才集聚观点上，可以对人才集聚机制进行相关定义。人才集聚机制指的是为了确保人才集聚能够合理地发生、持续地进行而形成的一系列保障措施和政策制度。分为内生机制和外部保障机制。从功能来分，又可分为人才吸引机制、激励机制、制约机制和保障机制。本文以北京目前的文化人才状况为基础，结合北京建设全国文化中心和世界创意之都发展目标，构建了北京文化人才集聚机制（图7-2）。

通过图7-2可以看出，北京文化人才集聚机制包括四个环节：吸引机制、激励机制、制约机制和保障机制。其中，吸引机制包括精神吸引、环境吸引、产业集聚吸引环节，激励机制包括精神激励和物质激励，制约机制包括政府管理、社会化管理体系，保障机制则包括信息交流平台、人才孵化器的打造，以及文化人才教育体系的健全等。促使人才集聚机制产生的条件则是内

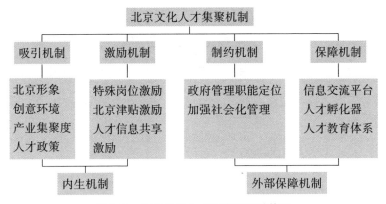

图7-2　北京文化人才集聚机制结构图

生机制和外部保障机制。

1. 人才集聚机制的产生条件

人才集聚机制的产生是人才集聚发展到一定程度的结果。引起人才集聚的原因主要分为内部条件的酝酿和外部条件的诱发。内部条件主要是个人意愿，包括求学意愿、再教育意愿、兴趣契合意愿、发展意愿等。在经济高速发展的今天，人们为了自身的提升、就业机会，或者其他的原因而经常更换居住地。北京市作为全国的首都，以其更多的就业机会和优良的基础设施吸引着各地人才。统计局公布数据显示，2005年北京市常住人口为1538万人；到2012年底，全市常住人口总量增加到2069.3万人，增加了531.3万人。

引发大规模同质或非同质人才集聚的外部条件大体分为三部分：政府因素、社会因素和环境因素。具体表现为政策导向和优惠、经济发展速度和繁荣程度、有利的就业居住条件、良好的城市人文氛围以及便捷舒适的周边环境等。改革开放以来,沿海城市以其快速增长的经济和便捷的交通吸引了大量人才集聚。同时,城市功能区的日益细化,基础设施的逐渐完善也吸引着不同类型的人才在特定区域集聚起来。例如城市新规划的大学城、教育培训基地和新经济开发区,往往能在短时间吸引大批的人才,而一些城市兴起的创意区域,则成为具有同样兴趣爱好人群的最佳集聚地。统计数据显示,北京市2005年以来增加的常住人口中,45.4%集中在城市发展新区(房山区、通州区、顺义区、昌平区、大兴区)。

人才由于以上各种因素在特定区域产生集聚,那如何确保产生人才集聚机制呢?主要是政府、企业和社会三者的力量促成的。首先,政府要进行充足的市场调查,从宏观上对人才流动进行把握和规划,除了提供人才集聚产生必需的基础设施之外,要给予大量的政策优惠,在人才集聚地建立起一系列成熟的配套措施。企业在吸引人才集聚、完善人才集聚机制的过程中要对目标人才做好细分,不断完善人才吸引、培养、考核的内部机制。社会在人才集聚机制产生的过程中主要起的是宣传和监督的作用。适当的社会舆论和社会氛围将会促进或者调整人才集聚机制的合理走向。

2.人才集聚机制的动力因素和创建意义

人才集聚机制的完善与否,其中很重要的一部分原因是它的动力因素,动力因素可以影响人才集聚机制的长远健康发展,以及自我完善和创新的环节。人才集聚机制动力因素主要包括以下几方面：国家政策的持续性和创新性、行业规则的完善性、产业集聚的影响力以及社会舆论导向性。人才集聚机制形成后，人才在空间内实现流动，随着配套设施和政策方针的完善，集聚机制动力因素引发人才在合理的时间持续不断地交流和集聚，为产业集聚的繁荣以及区域经济水平的提升做出贡献。

　　人才集聚一直被业内视为整合人力资源、实现资源优化配置的有效途径。Giannetti认为，不同劳动力个体的集聚和合作将会在更大程度上降低生产成本，实现规模效益。赵娓认为，人力资本集聚促进信息与知识的流动及新思想、新技术的创造，发挥出整体系统大于部分之和的效应。[1]人才集聚能够为企业、产业、区域和城市带来一系列的附加价值，而创建并完善文化人才集聚机制则可以扩大人才集聚本身的效益，能够促进政府、企业和个人的良性沟通，加快产业更新的升级和区域经济优势的提升。同时，某些特殊人才的集聚，例如集聚的创意产业人才，往往能成为城市新的地标，在赋予区域经济活力的同时也代表了城市的一种崭新面貌和未来。

---

　　①赵娓：《人力资本集聚：农业科技园区可持续发展的路径选择》，《科技进步与对策》2010年第6期。

第八章　世博会，上海走向世界城市的
隆重奠基礼

　　21世纪是城市的世纪，是城市大竞争的世纪，是国际化大都市特别是世界城市之间大竞争的世纪，是世界城市作为全球经济社会中心并日益成为文化中心的大竞争的世纪。

　　世界城市是全球经济社会文化活动的制高点，建设世界城市是当今世界共同关注的重大主题。城市，特别是世界城市，在全球的经济发展中扮演着日益重要的角色。全球化改变了世界原有的格局，以冷战为主的方式转变为新的金融、科技、文化创意为主的竞争方式。同时，世界城市的发展方向由单一的经济方式走向更加关注文化品格和社会和谐的建立。

　　对中国来说，建设中国的世界城市，是关乎中华民族的伟大复兴的重大战略，是在中华民族崛起的重要历史转折时期，中国参与全球竞争的必然选择。而世界博览会（以下简称"世博会"）则为这一重大战略的实施，建造了一个巨大而宽阔的平台。世界在这里登场，全球瞩目；中国在这里转身，华丽亮相，因此世博会才以国家战略的高度，举全国之力的宏大规模，集中力量办大事的速度效率，集世界智慧，一举而成。对上海来说，世博会是作为国家代表队的一次雄壮出征，作为中华民族全面腾飞的先遣队而率先实现初步现代化的战略演习。

一、21世纪世界城市文明的一次辉煌展示

2002年，国际展览局决定将2010年世博会举办权授予中国上海，中华民族的百年世博梦想终于变成了现实。上海世博会成为21世纪对世界城市文明的一次空前的检阅，成为探讨未来人类城市生活的一场伟大的盛会。242个国家和国际组织汇聚于上海，来演绎城市可持续发展这一21世纪的时代宣言。

从时间来看，世博会是近代以来人类文明进步的阶梯，是人类智慧展示的长廊。1851年始于伦敦的"万国工业博览会"，到现在已经走过了100多年的漫长历程。它勾画了人类美好的未来，展示了人类文明的优异成果。从电灯、电话、蒸汽机、汽车、火车、飞机到航天器，它是书写着一部人类生存方式的变迁史和科技进步的编年体书。这里充满了梦想和创意，充满了奇思和妙想、黑暗与光明、愚昧与启蒙的角力，留下了失败与成功的诗章，它是洞开的人类智慧之门。

从空间看，世博会汇聚了世界上五大洲大多数的国家和地区，邀集了全球众多的城市和人群。它吸引了海内外7000万人次游客前来参观，从而以最为广泛的参与度载入世博会的史册。世界上还没有任何集会像世博会这样规模宏大、涉及广泛、综合

融会而又利益攸关，它是人类文明交流的最宏大的舞台。

上海大世界，微缩地球村。上海世博会的展馆精彩绝伦，争芳斗艳。其数量之多、种类之繁，创下100多年以来世博之最，展馆总数近200个。在这届世博会的三类展馆中，仅自行设计和建设的自建馆就有42个，含41个国家、1个国际组织。另外有租赁馆42个，联合馆11个。43个发展中国家共享租赁馆；联合馆规模宏大，像非洲馆，超过26000平方米。如此宏大的规模，如此巨大的平台，让世界各国倍加珍惜，不愿错过这一难得的机遇。

21世纪是全球城市发展的重要时期，在不远的未来，世界上有2/3的人口将居住于城市。因此，对当下人类的城市生活的了解和体认，对未来城市生活的展望与规划，是全球关注的重大课题。与世界各国人民的生活息息相关，与不同发展水平的国家及其城市的未来紧密相关。

21世纪中国的城市化也以前所未有的速度和规模迅速发展并日益影响世界。2008年，我国城市化率接近46%，城镇人口6.07亿人。2001年，诺贝尔经济学奖获得者斯蒂格利茨（Joseph E. Stiglitz）认为，中国的城市化和以美国为首的新技术革命是影响21世纪人类进程的两大关键性因素。

作为首届以"城市"为主题的世界博览会，在上海世博会184天的展期里，世界各国政府和人民围绕着"城市，让生活更美好"这一主题充分展示城市文明成果、交流城市发展经验、传播先进城市理念，从而为21世纪人类的居住、生活和工作探索崭新的模式，为生态和谐社会的缔造和人类的可持续发展提供生动的例证。

作为全球会展经济的顶级实践，会展经济与广告运营是上海世博会的重要组成部分。世博会是全球规模最大的主题性国际展会，是世界会展经济和广告业的顶级实践。20世纪80年代以来，会展经济与广告运营成了世博会得以进一步发展的经济基础。可以说，没有会展经济与广告运营，就没有世博会今天的发展。

世博会作为会展经济，是整体经济发展的"助推器"。世博会对拉动相关行业的发展具有特殊功能。国际上会展业的产业带动系数大约为1：9，即展览场馆的收入如果是1，相关的社会收入为9。世博会的举办，推动了举办城市的相关产业的发展，如会展服务业（摄影、摄像、印刷、复印、会场设施）、房地产业、交通业、宾馆业、旅游业、物流业、餐饮业、信息服务业等服务业。一般来说，成熟发达的会展经济是高效益、高附加值的行业，其利润率在20％—25％。

国际性会展，也是一个城市国际化的标志之一。从城市经营的角度分析，发展会展经济对城市经营影响巨大。世博会已经成为国际化大都市极力争夺的重要资源，并且已经创造了不少城市飞跃发展的经典案例。上海作为我国的金融中心，理应成为我国展览业的旗舰。抓住世博会的机会，发展大型会展业，有利于提高上海的文化知名度和公众的文化素质，增强世博文化的内涵。

同时,通过发展大型的会展业,上海将建立和提升自己的文化自主权,在展会方式、作品遴选、展览主题等方面表现出自己的价值观。上海无疑是东方乃至世界会展业的黄金地域。

举办世博会是一场十分复杂的会展系统工程。举办世博会所要求的现代化的综合服务功能和与之配套的城市服务体系,将"逼迫"上海迅速提高城市管理水平和文化经济综合平衡发展的能力。上海举办世博会,其实践需求将推动上海会展业和广告业进一步改善产业空间布局,优化会展产业结构,健全会展服务体系,进一步提高策展水平,培育国际会展品牌与广告品牌。通过世博会,锻炼和打造一批会展与广告业的旗舰企业、知名品牌和一支国际化的专业创意运营团队。借助世博会,上海将推进大型现代化会展设施建设,加快标志性文化设施的展陈功能,拓展会展经营业务,并着力改造整合现有会展设施,对老场馆和老设备进行挖潜改造和设施配套,整合资源、开拓市场,形成规模效益。围绕世博会主题,上海可以组织一大批内容丰富的会议和展览,这是上海世博经济发展的直接体现。世博会的影响还会延伸到世博会之后,世博会之后的场馆设施将转化使用,继续发挥作用,提升效益,为上海文化会展业和广告业的不断发展奠定坚实的基础。

在经济全球化和信息化的影响与推动下,城市发展逐步融入全球性市场之中,城市之间的竞争也由所属国的范围扩展至全球,日益激烈的角逐和竞争与新的发展机遇相伴而生。在这个大竞争时代，人们对城市的认识已经不再局限于历史、土地、人口、资源、经济总量等这些传统指标，而是基于城市竞争力基础上的多层面、多角度的认知与评价。城市的竞争力不再仅仅指向城市的硬实力，还包括城市形象、城市品牌在内的城市软实力，"像经营品牌一样经营一座城市"已经引起人们的共识。从目前西方城市的发展、转型、复兴实现情况来看，政府都十分重视城市形象的打造和推广。城市形象体现出一个城市的文化、性格、魅力，具有特殊的城市形象并在大众心目中产生好感的城市，往往成为世界目光的聚焦之地，引领着世界经济、文化潮流。

上海世博会开了发展中国家承办世博会之先河，为发展中国家乃至发达国家举办这样超大型的国际盛会提供了经验。北京奥运会之后，包括英国在内的奥运会申办、筹办国都积极学习和借鉴中国的经验，邀请中国的各种团队参与奥运会的筹办。奥运的成功经验、优秀团队、创意人才和管理方式，都成为后奥运时代中国的巨大财富。上海世博会的成功举办，同样创造了一系列新的经验，这也成为上海留给后世博时期的宝贵财富。

同时，世博会各参展国家的城市将最先进的科技创造，最成功的文化实践，最富创意的建筑和设计，最有前景的城市生活，以及人们对全球未来合作与人类未来发展的深邃思考和广泛共识展现在我们面前，成为中国城市管理者、设计者和建设者学习补课的"开放大学"，工商管理硕士（MBA）的实践案例教学课堂。上海和全国各城市无不可以在这里广泛学习世界各地的经验和成就，得到一次不出国门的最佳学习机会。无疑，这对拓宽我国城市发展的视野，推动我国城市化进程的健康发展，都有十分重要的意义。

上海世博会成为人类文明永载史册的一次精彩对话。

二、世博会，上海城市品牌的全面提升

城市是本届世博会的主题，各国城市都以巨大的热情前来参与。联合国副秘书长、人类住区规划署（人居署）执行主任安娜·卡朱穆洛·蒂巴伊朱卡女士在接受新华社记者专访时指出：上海世博会"作为重要一刻被载入史册，并将进一步提升主办城市——上海的形象"。蒂巴伊朱卡说："相信上海世博会将对上海、中国乃至整个人类发展产生深远影响。"[1]城市品牌是城市形象的集中体现，代表着城市的核心竞争力，既整合了原有的各种资本优势，符合当地居民的心理期许，又规划了城市一段时间内的发展战略目标。它是城市生态环境、人文积淀、经济实力、精神品格、价值导向等综合功能的凝练和升华，集中了一个城市自然资源与人文创造两方面的精华，拥有深厚的历史积淀，所以，城市品牌具有不可替代的经济文化内涵和不可交易的专有功能，既是区别于竞争对手的标志，也是城市个性化的表现。

城市品牌是一个城市在推广自身城市形象的过程中，根据城

---

① 《联合国副秘书长：世博会将对中国和世界产生"深远影响"》，https://news.ifeng.com/c/7fyj40OIC40，访问日期：2021年10月3日。

市主导功能的定位，确定自己的核心价值，由城市的各种资源优势、人文标志、地域特色以及城市的发展规划和战略目标等要素共同塑造而成的，是可以感受到的"神形合一"的城市标志、名称或口号。城市品牌是城市的性质、名称、历史、声誉以及承诺的无形总和，同时也使目标顾客对城市产生清晰、明确的印象和美好联想。因此，城市品牌绝对不能简单地等同于表层的市容、市貌等城市形象，而是一座城市的精神和灵魂。

2006年，城市营销和城市品牌专家Simon Anholt（西蒙·安浩）提出了城市品牌指数（CBI）。这些指数包括知晓程度、地缘面貌、城市潜力、城市活力、市民素质、先天优势等六项一级指标，又称"城市品牌六边形"，每个一级指标下又细分为若干二级指标，西蒙·安浩对城市品牌的六个维度模型进行了详细的论述。[1]

用西蒙·安浩提出的城市品牌指数来考察上海世博会，我们看到，上海通过世博会，在城市声望和影响、城市环境质量、城市发展机会、城市生活方式、城市市民素养和城市基础条件上，均取得了重大进步，城市品牌价值得到了巨大提升。

1.城市先天优势

举办世博会，上海有着世界上许多国际化大都市所不具备的先天优势。调查显示，上海能成为举办2010年世博会最佳城市

---

[1]西蒙·安浩:《铸造国家、城市和地区的品牌：竞争优势识别系统》，葛岩、卢嘉杰、何俊涛译，上海交通大学出版社，2010，第75—76页。

的三个最重要的因素依次为：中国崛起成为经济大国（31%）、中国大陆市场的潜力（26.4%）以及中国与全球经济的不断融合（23.4%）。世博会选择上海，因为世界看好中国。改革开放30多年来，中国的经济腾飞、社会稳定、文化繁荣、综合国力显著增强，已成为世界上经济发展最快和增长潜力最大的国家之一。世界选择上海，就是选择一个希望，选择一个市场，选择一个伙伴，也是选择一种发展模式。

世博会在中国举行，上海还具有全国其他城市所不具备的先天优势。上海是我国第一大都市，是近代中国工业的发祥地，也是中国最具国际性的大都市，还是长三角城市圈的核心、长三角的领军城市，统领中国工业基础最好、最发达的城市群，雄踞中国国民经济之首。

在上海举办2010年世博会，是继20世纪90年代浦东开发开放后，上海面临的又一次历史性跨越，世博会成了推动上海经济、科技、文化发展登上新台阶的又一个标志性事件。

2.城市的声望和影响

世博会使上海获得巨大的声望，城市的全球知晓度得到大幅提升。城市的国际地位得到进一步提升，影响进一步扩大，城市的特色被更多人了解和喜爱。在过去几十年中，上海在文化、科技、城市管理方面做出的重要贡献得到世界的认可，上海的国际化都市的形象得到世界公认。同时，上海对世界的影响也日益加强。上海成为APAC（亚太认可合作组织）的所在地，成为亚洲重要的金融中心、总部基地。上海也拥有了一批具有良好发展前景的知名企业和知名品牌。

在过去的时代,一个城市的声望往往要经过很长时期的积累才能慢慢形成,是聚沙成塔的过程。然而在今天信息极为通畅的时代,要想吸引世界的目光,创造"眼球奇观"或"注意力奇迹",就要靠全球关注的重大事件。世博会就是这样一个举世关注的"事件",使上海的声望获得乘数效应,影响获得几十倍的增长。

3.城市环境质量

世博会改变了上海的城市环境,城市面貌焕然一新。浦江两岸,建筑精美;世博园区,游人如织;江南胜地,盛景如画;海滨名城,气候温润。通过世博会,上海大力推动绿色生态,低碳技术,优化居住环境。目前,上海的居住环境已经得到极大改善,市民的生活质量得到进一步提升。到2009年底,上海完成了1257万平方米的高层旧住宅的综合整治,完成了3274万平方米多层旧住宅的综合改造。

上海曾经是中国制造业的重镇,在产业结构调整之后,原有的许多工业厂房成了今天驰名中外的创意圣地、艺术殿堂。而城市的修复、改造、绿化则完全改变了昔日制造业基地的面貌,逐步恢复了江南水乡的优美自然生态和人文意境。

4.城市发展的机遇

这一维度关注城市能为旅游者、商务人士以及外来移民提供什么样的经济和教育机会；他们能不能在这个城市找到服务的岗位，或做成生意；他们自己或他们的家人是否愿意去这个城市学习、深造。①

世博会承办期间，虽然遭遇严重的国际金融危机，但国家大量资金的投入，扩大并拉动了内需，在应对金融危机对贸易出口造成负面影响的敏感时期发挥了关键作用。而国外场馆的建设也显示了巨大的经济力量。如沙特阿拉伯的展馆投入了11亿元，日本馆投入了9亿元，都使用了高新科技手段。这使上海经济迅速摆脱了金融危机带来的经济下滑的困境，保持了平稳快速的发展。同时，世博会园区的建设为上海的产业结构调整带来了契机，园区建设推动服务业的发展，形成了新的经济增长点。对城市的改造也带来了可观的经济效益，园区用地的价值迅速升值，并带动发展了周边的产业链。上海世博会在促进自主创新的同时，也为利用国际科技资源、开展各种形式的科技合作创造了良好的条件。

上海世博会给世界各国城市提供了令人振奋的发展机遇，为国际组织和企业提供了一个展示创新成果的窗口、交流合作的平台。各国间的贸易得到全面加强，科技创新的成果得到最大限度的推广，各国城市寻找最适合自身发展的新模式、新方法和新技术。同时，世博会也为上海提供了众多的就业岗位和学习培训的

①西蒙·安浩：《铸造国家、城市和地区的品牌：竞争优势识别系统》，葛岩、卢嘉杰、何俊涛译，上海交通大学出版社，2010，第75—76页。

机会。49.7%的受访者认为旅游业是本届世博会中受益最大的行业，98%的受访者认为世博会为上海创造了更多的临时工作机会。

5.城市生活方式

安浩认为，充满活力的生活方式是城市形象的重要卖点。这一指标是要探讨游客和常住居民是否能在这个城市感受到无所不在的魅力，并容易在这里找到快乐和生活的意义。[①]

世博会的举办为上海创造了无比精彩、纷繁多样的生活方式。上海是中西文化最早的交汇地，乐于容纳世界各国的多样文化。上海作为中国时尚之都，百年来引领中国时尚风潮。从服装、居所到装饰，上海无不是风姿绰约的；上海作为海派艺术的源头，从影视、文学到音乐、戏剧，无不是风韵悠长、风华绝代的。

社区是城市的"细胞"，是城市人最平常的生活空间形式。健康的"细胞"才能造就健康和谐的城市。文化融合、经济繁荣，无不是以社区为基本单位实现的。如何才能让贫困社区从城市的社会地图上消失，曾经是城市发展史上最鲜明最持久的困惑。联合国人居署在其《千年宣言》中提出了建设"无贫民窟城市"的目标，力争使世界城市中的一亿贫民区内居民的生活得到重大改善。

---

①西蒙·安浩：《铸造国家、城市和地区的品牌：竞争优势识别系统》，葛岩、卢嘉杰、何俊涛译，上海交通大学出版社，2010，第75—76页。

上海城市社区的建设和重塑一直是城市管理者面临的重要任务。当代,发达国家城市居民结构的变化和发展中国家城市人口的空前增长令这项任务更为繁重。上海创造了许多"和谐社区"的经典案例,将中国传统文化的"和为贵"观念转化为适应现代城市社区发展的主导理念。

6.城市公共文明与市民素养

安浩认为,城市是由人构成的。在市民素质这个维度中,它包含受访者是否感受到该城民众的友好热情,抑或对外来者冷漠或抱持偏见。同时,受访者是否觉得能比较容易地找到并融入相应的社区。最重要的是,他们如何评价该城的安全性。

上海世博会为上海城市公共文明的建设和城市市民素质的全面提升创造了难得的机遇。城市公共文明的建设和市民素质的提升是城市创新的重要组成部分,也是一个城市建设品牌形象的重要指标。世博会期间,世界各国宾客来到上海,通过亲身经历感受中国、感受上海。北京奥运会期间,100多万名奥运志愿者,美丽的"蓝军",给世界留下了最深刻的印象。因此,全面提升市民素质,是我们办好世博会的重要支撑和必要保证。让每一个普通的市民以一颗最普通的平常心,秉承中华民族"仁者爱人"的理念,关注人、尊重人、热爱人,以人为本,以诚待人,行中华民族热情友好的待客之道,自然、自觉、自信,充分展示大气、开放的中国形象、上海形象,从而提升自己城市的品牌形象,使世博会因我而更显光彩。世博会历时六个月,是对上海市民素质的一场马拉松式的考试，也是对上海公共文明的一次严格检验。

7.城市基础设施

通过举办世博会，上海的城市基础设施获得全面改造和建设。在交通方面，上海规划了5条地铁，过江隧道和连接周边省市的高铁。上海的基础设施现代化提前了十几年完成。上海的第一条地铁线是1992年建成的，到2010年，上海地铁增加到13条线，总里程超过420千米，位居世界前三位，可与伦敦和纽约比肩。而伦敦和纽约达到这样的一个标准则用了100年时间。如果没有世博会，上海不可能这样迅速地跨越新的世界高度。上海两座国际机场全部扩建，旅客承运能力达到一年8000余万人次。三座火车站的旅客承运能力达到了一年8100万人次。这些建设成就全面改变了一座城市的功能和面貌，改变了人们对上海拥挤、狭窄的刻板印象，重新塑造了上海的城市品牌形象。

上海兴建了连接长三角各城市的高速公路与高速铁路，使上海与周边15座城市拥有了"同城效应"。世博会还将5个副题的国际论坛分散到杭州、南京、绍兴等城市，这使上海作为长三角的领军城市，可以更好地带领长三角城市群共同分享世博会的大机遇。长三角的同城效应对工业和产业的结构调整，对长三角的进一步国际化，将产生巨大的影响。

综上可见，世博会全面重塑了上海的城市形象，大大提升了上海的城市品牌，加大了上海城市改造的力度，使上海城市获得了全球传播的巨大轰动效应。

三、世博会推动上海的现代化转型

在全球化的推动下，世界形势发生了重要变化，世界城市的发展产生了新的趋向。人们对它的认识也有了新的提升。

国际上的相关理论研究与实践运作为上海建设世界城市提供了可资借鉴的经验。但建设世界城市不能照搬现有发达国家世界城市的模式，而必须在充分研究和消化其基本经验和发展模式的基础上，吸收优异成果，进而探索上海建设中国特色的新型世界城市的发展道路。通过世博会，上海将借鉴各个世界城市如纽约、伦敦、巴黎、东京的基本经验和各自的独特成就；通过世博会，上海可以选择世界各国城市最合宜的"点"来重新"合成"，创造一个具有独特品格的东方文化型的世界城市。

中国元素是上海建设世界城市的重要资源；中国江南文化的人文内涵是上海建设世界城市独具的特色。世博会充分展示了中国各省、市、区的城市文化和地域特色，展示了中国丰富多彩的民族文化的瑰宝。同时，世博会也最大限度地展现了上海新型世界城市的面貌。它不仅是东方金融中心、世界总部基地、中国经济中心，还是世界新的创意之都、东方文化之都、生态文明之都。它是富于创造力、充满探索精神的，它惠风和畅，以和为贵，是和谐、和睦、和美的；它海纳百川，人文丰厚，是具有江南意境、东方神韵的；它推崇天人合一，与自然为友，是低碳的、环保的、生态平衡的;它追新逐奇,不断创新,是科技的、数字的、互联的。世博会的"东方足迹""寻觅之旅""低碳行动"三个展区,让观众通过"一部影片、一幅画卷、一片绿色、一次骑乘探秘、一场低碳体验"来体验城市发展中的中国智慧,来感受一个崭新的世界城市。

可以断言,上海世博会为世界人民留下有关城市主题的一份丰厚的精神遗产。这一无形资产将转化为推动长三角乃至中国经济社会发展的现实优势和长久动力。

四、文化原创力的一场严峻的较量

当代城市之间的博弈根本上是文化原创力的较量,是创意或创造力的较量。创意构成了一个城市的核心竞争力。2010年,上海世博会是以文化为基础的一次创造性活动,是上海文化创意产业发展的极好机遇。上海的创意产业在世博会这一重大国际性主题文化活动的带动下,根据市场需求推出系列化的文化产品和服务,塑造出知名品牌型的强势文化创意产业群体,吸引外部投资和外来消费作为城市和国家的发展资源,同时通过完善发展上海的创意产业,借助世博会的展示平台,向世界呈现上海作为世界创意中心之一的城市形象。

世博会是推动上海创意产业发展的强大动力,是上海创意产业发展的极好机遇。公认的创意产业的各个部类如广告、建筑、艺术和文物交易、工艺品、设计、时装设计、电影、互动休闲软件、音乐、表演艺术、出版、软件、电视广播,以及会展业、文化遗产与旅游产业等,都因为世博会的推动而将有巨大的发展。创意对于整个世博会以及世博文化产品的设计、规划、创造、创新具有举足轻重的作用。世博会高度依赖文化的创新意识,对文化创造力和创新型人才有迫切的需求,并由此产生了相当大的文化吸附力与文化扩张力。

世博产品与服务产生了数量巨大的接受群体,他们极大地推动了上海创意需求和消费市场的形成。世博产品和服务也拥有大量的跨国界的接受者。这就是现代世博产品发展的一个重要特点:文化的经济化、市场化和商业化。同时,世博会提供给上海的,不仅仅是服务业岗位,更是通过带动众多相关产业的发展,培养起一个具有极大消费需求的市场。这个市场,从根本上为全面提升上海传统产业升级和发展文化创意产业带来契机。上海世博会已经向我们展示了这样一个图景——在未来几年间,上海将成为一个生产创意、消费创意的城市。

世博会对上海文化创意产业发展具有哪些推动作用呢?

世博会对上海传媒业,特别是新兴媒体产业的发展产生了巨大的推动力。从当代创意产业的构成和结构方式来说,世博会是眼球经济与注意力经济的实践。上海世博会作为眼球产业,对创意产品有极高需求。要办出一届高水平世博会,就要认真经营上海、经营文化,塑造上海形象,让"文化中国""文化上海"的形象在世界产生更大的影响力,具有更强的辐射力,使上海这一城市品牌效益迅速升值，形成巨大的无形资产。这是中国举办世博会必须取得的重要收获。

为此，上海需认真设计并努力经营自己的国际化城市形象和城市品牌。城市形象设计的国际经验表明，成功的城市形象不仅依赖于城市形象的设计，更依靠文化品牌的推广。在城市营销工程中，借助新传媒的推动，世博会成为绝佳的城市营销平台。主办城市不遗余力地将世博会的筹备和举办融入城市营销的整体战略之中，对完善城市产业升级，提升城市形象发挥了巨大的作用。

世博会作为数字化内容产业，是以数字方式全面提升上海整体文化创意产业水平的极好机遇，将带来数字内容产品的快速成长。在IT革命的背景下，数字内容产业已逐渐在21世纪经济舞台上扮演着重要角色。现代传播媒介的高速发展，3G技术、多媒体传播、数字化与互联网的兴起，对传统的经济与文化方式产生了巨大的冲击。这种飞速发展的电子、数字通信、信息技术，给当代社会产业结构带来了革命性的影响。从一定意义上说，网络等媒介产业的生存能力取决于"内容"的创造和消费，取决于与广大消费者的日常生活、工作与娱乐、休息的联系。没有千百万人需要或喜爱的文化节目，没有与千百万人的实际生活相关的内容，高新技术与新经济就没有市场，也就失去了持续发展的内在动力。从发展的环节看，内容产业已成为文化经济传播交流的"基础的基础"。从世博会作为当代创新的产业构成和结构方式来说，世博会是一种以当代高新数字技术为载体的内容产业、节目产业。世博会要发展的内容产业的范围包括各种媒介上所传播的印刷品内容（报纸、书籍、杂志等）、音像电子出版物内容（联机数据库、音像制品服务、电子游戏等）、音像传播内容（电视、录像、广播和影院）、用作消费的各种软件等。

世博会为游戏休闲娱乐体验产业开拓了广阔的市场，同时提供了资源整合的契机。上海是数字休闲娱乐国家基地。深入开发上海的潜在优势，把握世博会机遇，加大政策支持力度，改善人才结构，提高制作技术，通过壮大龙头企业，建设重量级产业基地，扶植品牌产品，把上海建设成人才体系健全、研发能力强大、制作水平国际领先、原创作品丰富、传播渠道畅通的辐射全国、面向世界的网络游戏研发制作中心。体育休闲产业的发展是游戏娱乐体验产业的一个亮点，方程式赛车等体育休闲产业也是上海创意产业发展的重要组成部分。世博会带来巨大的休闲产业市场，同时也对产品的服务和创新研发能力提出了更高要求。

上海世博会是全面提升上海旅游产业水准的重要动力。

（1）以世博会为契机促进旅游业加速发展。上海应制定并实施具有前瞻性和可持续性的旅游文化创意发展战略措施。总体上包括对现有文化旅游产品进行提升改善，并不断增加创意性的文化旅游产品和项目。另外，依托上海及周边长三角乃至全国丰富的文化旅游资源，完善丰厚的文化旅游产品，增强文化旅游的吸引力和竞争力，提高游客满意度，传播中华文化和江南文化。

（2）世博观光与城市旅游资源整合及旅游升级换代。上海具有丰富的旅游资源,但是存在产业链老化的缺点。因此,一个重要的问题是对城市旅游产业链的重新设计与再造,对城市人文产业的重新布局问题。整体原则应当是:运用创意加资本的手段,推动旅游资源、资产、资本三位一体的转化与整合,实现旅游资源立体化的整合与增值效应。实施创新发展战略,全面提高上海旅游产品质量。把提高创新能力作为调整产品结构、转变增长方式、提高城市旅游竞争力的核心环节,把建设创新型行业作为面向未来的重大战略。实施深度开发战略,增加传统旅游产品的体验值。利用创意产业的知识密集性、高附加值、高整合性的特点,提高旅游产业发展水平,优化产业结构,通过创意增进和挖掘文化内涵,增进游客的体验值。

上海世博会是全面提升上海影视产业与动漫产业的重要机遇。上海是中国影视与中国动漫的发祥地。在影视与动漫产业中,要全面发挥上海影视机构云集、金融资本充足、专业教育发达的优势,立足国内、面向世界,借助举办世博会的契机,继续推进体制改革,集聚专业制作机构,构建传播交易平台,统筹整体布局,紧跟技术发展趋势,将上海建设成为经营理念先进,制作水平一流,生产、交易和出口量领先,传播放映体系覆盖面广的广播影视节目制作和交易中心。上海应统筹产业布局,构建产业集群,完善产业链条,提高产业规模化水平。立足现有资源,理顺功能定位,合理布局集聚区,带动影视产业发展。重点支持相关影视基地、园区、广播影视节目交易集聚区、大型影视文化企业发展,支持中小型专业化影视制作和技术服务企业,促进产量方面在全国领先。上海应汇集专业技术服务,集聚后期制作机构,掌握产业发展核心环节。以组织型集聚效应,构建系统化专业技术服务体系和影视后期制作服务体系,使上海成为全国广播影视节目制作和交易的中心。打造展示传播平台,加强知识产权保护,营造良好的交易环境。借助世博商机,积极承办专业展示交流活动。创新对外交流体制和机制,建立影视作品版权服务和交易体系。加快数字技术应用,推进电影院线改革,促进产业升级。积极开展数字电视电影、手机电影等各类宽带数据增值业务。推进电影院线制改革,加快影院数字化进程,推动多厅影院建设。

上海世博会是全面提升上海表演艺术产业、画廊和艺术品交易的重要机遇。表演艺术是上海未来文化创意发展的重要内容之一。上海的田子坊、八号桥、M50等创意集聚区已经获得世界声誉,上海的时空之旅演出也已经获得全球性影响力。上海世博会是上海表演艺术走出中国、走向世界,带来全球影响的历史性机遇。上海的表演艺术和美术、艺术画廊等借助世博会获得了巨大发展。上海世博会还拉动了工艺品与其他世博会纪念品(特许商品)的设计与销售,产生了巨大的综合效应。

上海世博会是全面提高上海工业创意设计、信息产业设计、文化内容产品设计和艺术品设计产业水平的重要机遇。世博会对设计创意有巨大需求,为设计创意提供了更新换代、逼近世界前沿水准，进行大规模交流和贸易的多重机会，全面提高了上海信息产业设计、工业创意设计、文化内容产品设计、艺术品设计水平。为了举办世博会，上海全面提高设计创意水平，使上海在全国设计创意产业的分工体系中占据高位，把上海建设成国内外知名设计机构集聚、知识产权授权数量居全国前列、国际获奖项目多、产业整体规模和竞争力居全国前列的设计创意中心，力争使上海成为世界设计创意中心之一，有力地推动上海文化创意产业的发展。上海应注重发展优势明显的工业设计、建筑设计和软件设计。大力推进基础良好的环境规划设计、工程设计和平面设计，积极培育潜力巨大的时尚消费设计，加快扶持前景良好的咨询策划行业，使上海成为首屈一指的全国高端创意设计中心。

上海世博会还是全面提升和改变上海城市建筑艺术面貌的重要机遇。上海的建筑艺术有着辉煌的过去，以外滩建筑为代表的上海建筑风貌享誉世界；改革开放以来，一大批有代表性的建筑艺术精品如东方明珠、金茂大厦成为上海的新地标。以永久保存的"一轴四馆"：世博轴与中国国家馆、世博会主题馆、世博中心、演艺中心为代表，以"东方之冠"为核心标志，体现了中国文化的精神与气质。国家馆居中升起、层叠出挑，成为凝聚中国元素、象征中国精神的雕塑感造型主体——东方之冠。地区馆水平展开，以舒展的平台基座的形态映衬国家馆，成为开放、柔性、亲民、层次丰富的城市广场。二者互为对照、互相补充，共同组成表达盛世大国主题的统一整体。各国展馆也呈现了绚丽多彩的建筑风貌。这些永久的和半永久的建筑艺术作品全面提高了上海的建筑艺术水平，赢得了全世界的高度关注。一个有着深厚中国文化元素的上海和一个现代化、国际化大都市的上海——两者充分结合起来的新上海城市景观艺术设计，将展现耀目的光彩。

五、文化中国：上海世博中站立着的国家形象

国家形象是在政治、经济、文化、军事、科技等国际交往活动中，国际社会对一个国家及其公众所形成的整体印象。一个国家在政治制度、民主制度、法律制度、意识形态、宗教信仰等方面与别的国家的差异，都会对这个国家的国际形象产生影响。另外，一个国家的经济发展水平、社会公平程度、国家竞争力、历史文化积淀以及外交表现，也会对该国的国际形象产生直接影响。国际形象是一个国家在国际交往中的"国家名片"，它的定位决定着一个国家在国际交往中的影响力，也直接关系到一个国家在国际交往中的利益关系。因此，在当代社会，各国都把提升国际形象作为国际交往的一个重要目标。

在国家形象的构建中，文化无疑是日益重要的核心要件，而美国则是文化形象构建的最大成功者。2001年，美国的"艺术、文化与国家对策"项目研究报告认为，"美国文化是美国智慧和创造精神积聚而成的一种资本。这种特殊的资本既是人类成就和历史的宝藏，也是人类创造力和创新精神的源泉。在当今全球知

识型经济社会中，美国文化资本作为一种关键性社会资源，对于美国人民和世界各国人民在寻求保存各自的民族特性和达成相互了解的过程中，正日益显现其重要性。"

回望中国，一个半世纪以来，我们一直都在向西方学习，一个半世纪的中国文化史，是一部西学东渐的历史。100多年来，无数中国的有识之士，先烈、先辈、伟大的前驱者，从魏源、梁启超到鲁迅，都是向西方寻求中华复兴的思想动力；从孙中山到陈独秀，都是向西方寻求救国的真理与道路。长期以来，中国文化在以西方文明为中心的世界体系中处于失语状态，"文化中国"的形象是一个遥远的、模糊不清的形象。

改革开放以来，中国奉行和平发展的原则，努力发展本国经济，在经济上迅速崛起，创造了连续30多年经济高速增长的"中国奇迹"，综合国力显著增强。通过对外开放和全面融入国际社会，中国逐渐建立起经济实力雄厚的"国际社会中负责任的大国"形象，中国的国际形象不断向成熟、理性的方向发展。2001年12月11日，中国正式加入世界贸易组织；2008年，中国成功举办了第二十九届奥林匹克运动会；2010年，中国举办世博会，这都标志着国际社会对中国国际形象的全面认可。日益开放、日益强大的中国以更为宽广博大的胸怀拥抱世界，为世界经济、政治和文化的发展做出了越来越大的贡献。

但是，西方人对中国的了解仍然是想象多于实际。自20世纪90年代初以来，以美国为首的西方国家一直在鼓噪"中国威胁论"。在美国人看来，正在崛起的中国是一个"未得到满足的、野心勃勃的大国，其目标是主宰亚洲"。在西方世界的媒体中，经济的威胁、粮食的威胁、军事的威胁、环境的威胁、文明的威胁等种种来自中国的"威胁"纷纷出现。2001年以来，与"中国威胁论"一脉相承的"中国崩溃论"粉墨登场，国际社会有另外一种对中国国际形象的认识，即"强大但不确定的中国"。事实上，形形色色的"中国威胁论"和危言耸听的"中国崩溃论"已经严重损害了中国的国际形象，并影响了中国的国家利益。

改革开放以来，国家发生了巨大的变化，经济高速发展，我们毫无疑问地成了"世界工厂"、世界制造业中心。但这个世界认为你不过是个鞋子大国、帽子中国、廉价劳动力大国——一个汗水大国而已。

意识形态的对立与西方大国的政治经济霸权心态是产生"中国威胁论"与"中国崩溃论"的根本原因。但是，我们也应该认识到，在中国走向世界、融入世界的过程中，包括西方国家在内的世界各国，对中国的了解远远不及中国对世界的了解多。改革开放以来，世界各国看到了一个"经济中国"在发展经济方面所付出的巨大努力以及辉煌成就，但对承载这些辉煌成就的有着热爱和平、渴望发展并艰苦奋斗的人民和数千年悠久历史的"文化中国"的认识和了解却远远不够。西方国家在文化方面缺乏对中国的深入了解，因而也就无法充分理解中国对和平发展、民族复兴的渴望，并对中国强大起来以后的发展方向感到担忧。同时，中国自身在经济社会发展中面临的挑战也为"中国威胁论"与"中国崩溃论"的嚣张论调提供了借口。近年来,我国在经济高速增长的同时,一些深层次的矛盾也逐渐表现出来,如经济发展与社会文化发展之间的不平衡,贫富差距加大,社会不公平现象加剧,经济发展带来的资源紧张与环境压力、庞大的人口压力等。这些矛盾表明,仅仅依靠经济发展,是无法完成全面建成小康社会的,也无法实现中华民族伟大复兴的历史重任。要实现中华民族和平崛起的战略目标,建设和谐社会,必须增强国家的文化力量,通过文化力量推动和谐社会的建设,提升中国的国际形象。

以北京奥运会和上海世博会为标志的重大的世界性"事件",全面改变着当代世界的"国家间思维"和"文化地图"。北京奥运会与上海世博会,让世界来到中国,中国向世界敞开大门。两次标志性的伟大事件,让西方文化与源远流长的中华文明进行了伟大握手,是世界文化与中国文化的雄伟交汇。它们为世界各国提供了沟通、对话、交往的最好平台。作为巨型的展示会,它们所具有的独一无二的全球平台,吸引了全世界的目光聚焦中国,成为展示中国国际姿态、重建文化中国的当代形象、展示和平崛起的强大中国的历史性转折点。

如果把全球化带来的西方发达国家文化在发展中国家的传播,看作全球化的第一阶段——全球本土化的传播阶段,那么随着发展中国家的不断崛起,尤其是中国文化走向世界,则意味着世界进入了全球化的第二阶段——全球本土化阶段。全球本土化的阶段，是西方发达国家以西方为中心，向发展中国家推动其全球战略的阶段，是西方跨国集团在发展中国家实施本土化、地域化的时期。概言之，这依然是西风东渐、北风南吹的时期。本土全球化则不然，它是处于世界边缘的发展中国家，向世界特别是向西方发达国家展示自身文化的时期，它不是日本的"脱亚入欧"，而是东方文化、南南世界以自身文化的特质走向全球，争取并获得对话权的新的历史时期。东方不要中心，也不要主宰，但希望这个世界除了西风东渐、北风南吹，也有东风西渐、南风北吹。全球化是把双刃剑，当西方凭借全球化统治世界，欲成为世界霸主的时候，发展中国家也借助全球化从边缘走向中心，从本土走向全球。新的世界秩序是多元对话、合作共赢的新秩序。北京奥运会和上海世博会就是开启本土全球化，开创世界新秩序的崭新标志和时代分界线。

世博会是以世界文化为基础的一场文化盛宴。在文化定位上，上海世博会与北京奥运会一样，在建设和展示和平崛起的中国的历史性节点上举办，又恰逢文化在当代世界各国社会结构中地位的重大提升之际，展现了当代文化创意的无穷魅力，展现了世界各国城市文明五彩斑斓的最新面貌，显示了全球科技创新的新成果，推动生态文明的新发展，向世界展示一个亚洲都市"领跑者"的形象，一个"文化上海""世界城市"的新品牌。当然，世博会更是重建文化中国国际形象的极好平台。世博会作为一个巨型的展示会，其宏大而高阶的全球平台，吸引了全世界的目光，也自然成为展示中国新的国际姿态、重建"文化中国"的当代形象的世界舞台，它与"中国文化走出去"和"文化的大繁荣大发展"战略相配合，为中国在21世纪的发展提供了一个良好、持久的文化发展机遇。

如果说2008年北京奥运会是中国文化走向世界的隆重的开幕式，那么，2010年上海世博会则是中国现代文明、海派文化和当代中国形象走向全球的华丽现身。在这一场全球文明的精彩汇演中，中国无疑是当之无愧的主角。文化中国的国际形象借助这一舞台辉煌得以展示。

不少西方人看到了人类历史的新一页。美国学者柯兰兹克在《魅力攻势——看中国的软实力如何改变世界》[1]中，细致地描述了中国的软实力如何对亚洲及整个世界发展产生重要影响的实例。他总结了中国在近十年中如何利用援助、贸易、投资外交策略来打消发展中国家对中国经济发展产生的疑虑，并与这些发展中国家建立和巩固彼此的友好关系，尤其是同东南亚、非洲和拉丁美洲国家的关系。他一再提醒美国政府必须正视中国影响力提升的现实。柯兰兹克认为，中国的软实力外交的成功运用，使其国际形象获得了大幅度提升，且民意测验和对中国的新闻报道都证明了中国软实力外交的成功。作为美国人，他告诫美国政府，

---

①约书亚·柯兰兹克:《魅力攻势——看中国的软实力如何改变世界》，陈平译，中央编译出版社，2014。他认为，中国软实力外交的整体战略思路就是要和发展中国家发展友谊。通过文化和贸易往来，其软实力外交在亚洲得到了积极回应。

中国的软实力外交所采取的措施和行动,如鼓励国际交流、加大对外援助力度等,都是美国所欠缺的。

上海是参与当代世界城市文化竞争的"国家队"。作为我国第一大都市,上海曾被称为"东方巴黎""东方纽约"。面对世界格局的大变动,中国将在国际事务中发挥更大的作用,而上海将义不容辞地担当开拓国际空间的重任,参与国际化大都市之间激烈甚至残酷的顶级竞争。面对这一形势,上海摒弃了传统的地域文化和政治观念,构建了上海文化的大气魄、大视野、大策划、大手笔,选择高端发展新路径,实施全球竞争的大动作。这对于处在新的战略机遇期的中国,具有极为重要的历史和现实意义。

英国《金融时报》帕提·沃德米尔在揶揄了上海世博会后,无可奈何地说:"对于一座能在午夜到拂晓的时间里,铺设一条完整的人行道,并在道上栽好枝繁叶茂的大树的城市,人们不应低估它的能力。上海有资金、有决心,也有着无穷的抱负。它的幸运让其他城市望尘莫及"。①

---

① 帕提·沃德米尔:《上海世博会的"遗产"》,《金融时报》2010年11月5日。

第九章　纽约：享誉全球的世界级都市

在城市的发展中，许多城市在金融、政治或文化的发展上具有全球影响，成为世界城市。这些世界城市之所以能成为具有全球影响或始终保持着全球性影响的城市，不仅是因为随着全球化进程使世界的各个角落紧密地连接在了一起，更重要的是这些城市本身具有世界领先的特质，城市经营者为促进城市发展，制定了一系列行之有效的方针、政策，从而使城市在激烈的竞争中立于不败之地。值得注意的是，随着城市竞争日趋白热化，城市在保持自身固有的高端产业发展的同时，越来越多地将目光转向了文化实力的扩张。文化战略逐渐成为城市发展的新引擎，逐渐成为城市走向世界的新名片。

纽约，面积约1214平方千米，截至2022年人口约834万人，是美国东海岸上的璀璨明珠，一个仅有300多年历史的年轻城市。虽然纽约是一个后发性的城市，但纽约借助不可多得的历史契机及自身的努力，逐渐从哈德逊河畔一个普通的港口城市发展为享誉全球的世界级都市。这里人气聚集，是世界上商贸活动最频繁的城市之一。纽约作为世界上最重要的金融和商业中心，拥有着可以牵动世界神经的两大证券交易所，即纽约证券交易所和纳斯达克股票市场公司，而雄厚的摩根财团和洛克菲勒财团则渗透进了美国乃至世界的多个行业。虽然受到"9·11"事件和金融海啸的冲击，但通过多种补救措施以及纽约本身固有的优势和创业精神，纽约在世界金融中的地位仍不可小觑。作为金融和商业中心的同时，纽约还是美国著名的文化产业中心，百老汇作为纽约文化产业的杰出代表，已成为纽约最吸引人的地方。

一、金融中心

1.国际金融秩序促成世界金融中心的创立

纽约成为世界的金融中心，首先得益于纽约优越的地理位置。纽约地处美国东海岸，在地理区位理论上，"它又类似一个桥头堡，有助于利用欧洲的先进生产力"，而且纽约港"是一个天然的良港，港阔水深，终年不冻，海岸线也长达近966千米。"①首先，区位条件的优越，为开展贸易提供了不可多得的便利。纽约在英国设置政府机构的20多年中，发展成为大西洋沿岸著名的港口城市，成为进出北美殖民地与加勒比海地区进行贸易的唯一港口城市。利用英国人在北美一带的强势地位，大西洋和加勒比海一带的贸易也被纽约的商人控制。其次，19世纪初，伊利运河的修建，使五大湖地区有了全年可通行的黄金水道，把美国东海岸与西部内陆连接了起来，而纽约恰恰处于对内对外贸易的重要交接点上，很快成了美国的经济中心。"到1860年，全

①王旭：《美国城市史》，中国社会科学出版社，2000，第35页。

国进口贸易的2/3，出口贸易的1/3均由纽约完成……主要航运商都是纽约商人，纽约因此日益强盛。"①

1792年，21个经纪商和3家经纪公司在一棵梧桐树下签订了著名的《梧桐树协议》，1817年成立了纽约证券和交易委员会，为日益兴盛的股票交易提供了平台。1865年，美国南北战争结束，纽约成为美国名副其实的金融中心，成为仅次于伦敦的第二大金融市场。经过两次世界大战，美国大发战争财，成了世界第一经济强国。尤其是布雷顿森林体系的创立，确立了美元在世界货币中的中心地位，各国货币纷纷与美元挂钩，美元直接与黄金挂钩，美元成为最主要的国际储备货币。战后，美元作为世界最主要的国际清偿手段通行世界，决定了美元需要一个可用于投资的金融市场。于是，具备一定金融市场基础的纽约脱颖而出，成为世界第一金融中心。基于体系自身的诸多缺陷等原因，最终在1971年12月以《史密森协定》的出台而宣告了这一体系的瓦解。但以布雷顿森林体系为基础的美元霸权并没有随之瓦解，新的金融体系并未建立。在过去的二三十年中，许多国家都采用了与美元挂钩的汇率体制，作为布雷顿森林体系最重要的遗产，美元霸权仍然是当今国际金融体系最基本的特征。而在这一霸权下，作为金融中心的纽约依然在世界金融市场上占有不可撼动的地位。

2."灾难备份"使金融机构冲破"9·11"事件的阴霾

作为世界金融中心，纽约汇集了美国乃至世界一流的金融机

---

①王旭：《美国城市史》，中国社会科学出版社，2000，第35页。

构。国际金融秩序虽然对纽约世界金融中心的创立有巨大的影响，但金融机构自身抵御风险的能力也使纽约在长期的金融竞争中立于不败之地。

"9·11"事件的发生改变了世界、改变了美国，也改变了纽约。作为世界最重要的金融中心，"9·11"事件对美国的金融业产生了深远的影响。首先，表现在对美国保险业的冲击上，世贸中心至少有150家金融机构在该大厦设置了办公机构，掌控着数以十亿计的资金。世贸中心的倒塌不仅使这些机构面临数据散失的困境，而且对美国股市和整个金融市场造成了巨大的损失，仅"9·11"事件发生后的一周内，美国股票市价就蒸发掉了1.4万亿美元。而且使保险公司面临着对世贸中心的巨额赔付，这笔赔付的金额在2007年才最终确定，金额高达20亿美元。据纽约共同基金的研究报告，"9·11"事件使美国资本市场损失了1000多亿美元，而美国标准普尔研究的数字表明保险公司要支付的赔偿金额为220亿美元。其次，出于对恐怖袭击的恐惧以及对美国安全的不信任，大量资金开始外流。再次，由于华尔街集中了世界绝大多数的金融机构，"9·11"事件的发生，使得许多金融机构开始撤离曼哈顿街区。据搜狐网援引中新社的报道：

纳斯达克表示，计划将其员工的一部分重新迁回受世贸倒塌影响的曼哈顿金融区。

在备忘录中，纳斯达克强调，此举只是一个过渡办法，最终仍决定将新总部定为时代广场。

纽约市政官员虽千方百计劝说各大金融机构重回遭"9·11"袭击的曼哈顿地区，但效果甚微。

纳斯达克发言人表示，在一月中旬将此前在康涅狄格州工作的100名员工暂时迁回曼哈顿的旧址。鉴于电子交易的性质，目前该公司的大多数网上交易员工都集中在康涅狄格州和马里兰州工作，在纽约的办公地点只是作为一个标志性产物。因此发言人指出，并无意重返金融区。

其他大金融机构，诸如美林、高曼也都表示目前无意返回还被废墟笼罩的纽约中区工作。美林发言人甚至明确指出，可能考虑将新址定于新泽西州，"未来无论我们决定在哪里，'9·11'都将是我们考虑的一个因素"。

尽管"9·11"事件对纽约的金融业产生了巨大的冲击，但纽约在世界金融市场上仍具有其他中心无法比拟的影响力，而且某些大财团或银行采取的危机防范措施更是值得全球借鉴。如摩根财团的数据库有灾难备份系统，正是借助这个灾难备份，摩根财团在极短的时间内便收集、整理出了客户的数据，在灾难发生的第二天就正常营业，恢复办理各种业务，在大灾难面前恢复营业速度之快，让人叹为观止。灾难备份系统的设置值得世界各大金融机构或中心借鉴。反观中国银行的电子系统建设，只有部分银行的总行初步建设了数据备份的系统体系，仅是对存取、结算等少部分核心环节进行了备份，且各级分行还没有一家具有整体灾难恢复预案和灾难备份，因而面对突如其来的灾难都显得力不从心。在2008年的"5·12"汶川大地震中，这个缺陷就充分暴露出来。由于银行缺乏灾难备份，银行未能在第一时间恢复营业。据新华网的报道，汶川地震中，四川银行业金融机构的受灾网点总数达5375个，占该省银行业机构总数的42.4%，到5月19日，受灾网点才全部恢复营业。正是看到了这种差距，北京银联信息咨询中心董事长符文忠先生指出："目前，我国银行业对由地震、火灾、台风等自然灾害引致的外部风险预防相对较少。就操作风险中的防控措施和数据备份而言，我国银行业虽然进行了部分灾难备份，但同国外银行业相比还存在较大差距。"就北京而言，要建设金融中心，首先要有属于自己的实力强大的银行，而化解自然灾害等不可知风险的能力，既是银行实力的有效表现，也是建设金融中心不可回避的挑战。

灾难备份是纽约金融机构化解风险的手段之一，相对其他的金融市场，纽约的金融市场在整体环境上也是比较完善的。正如约翰·诺夫辛格博士所说："我不认为公司正在彻底重新思考它们在美国的投资策略。这张大饼缩小了，是最糟糕的。但是它仍然是最大的一张饼。而且这些公司仍然想分杯羹。"①总之，在各方面共同努力和其他优势条件的推动下，2006年9月，美国金融业得以复苏，曼哈顿下城的金融从业人员已经恢复到"9·11"之前的水平。

---

① 刘美蓉：《访谈录：金融的不确定性——约翰·诺夫辛格博士谈9·11事件在以后几个月内对经济发展和投资者产生的心理影响》，《经济资料译丛》2002年第2期。

3.金融与其他行业的多元发展

金融业是纽约发展的重要行业,但并不是支撑纽约发展的唯一行业。作为一个移民城市,纽约的人口是多元的,而多元的人口结构也使纽约的行业发展走向多元。

2008年底,随着雷曼兄弟申请破产,一场源自纽约华尔街的次贷危机愈演愈烈,席卷全球的金融危机爆发。金融危机给纽约市乃至整个纽约州带来了巨大的损失,纽约州审计长迪·纳波利(Thomas Di Napoli)认为,华尔街的金融风暴使纽约州的税收减少了35亿美元,近4万个金融岗位被淘汰,这也必将使纽约州的失业率上升。

金融危机下的纽约并非因此而百业萧条,2007年金融服务业从业人员仅占纽约市全部就业人口的13%,而席卷全球的金融危机主要给纽约的金融业带来了较大冲击,并由此引发了"蝴蝶效应"。纽约作为金融中心的同时,还是注重多种经营,纽约同样是世界著名的文化之都,出版、音乐、影视、时装等行业都引领着世界的发展方向。如美国三大广播公司即美国广播公司(ABC)、哥伦比亚广播公司(CBS)和全国广播公司(NBS),总部均设在纽约,《纽约时报》《华尔街日报》等报纸也在纽约发行,而且纽约的影视行业也并不比好莱坞差。纽约的时装行业在纽约发展同样重要,雇用工人达7万人之多,拥有的时装展示厅和时装企业代办处有5000多家,年销售额超过200亿美元。除此之外,与时装有关的展销、商业洽谈活动每年还为纽约市的旅馆业、餐饮业和交通运输业带来1亿多美元的收入，如今的纽约时装业是纽约州当之无愧的支柱产业。金融危机的爆发，使受金融行业挤压的其他行业得到了难得的生存、发展、创新的机遇和空间。

多元的产业结构冲抵了金融危机带来的影响和损失，对纽约的经济发展和繁荣起到了重要的作用。据美国媒体的一项调查显示，纽约仍是美国人最喜欢居住和工作的城市，也是全美最受国际观光客青睐的城市，仅2009年全年就吸引了约等于全市人口的860万名全球各地的旅客。金融危机下的纽约，以其多元的行业发展，仍是名副其实的世界都市，而在众多的行业中，百老汇的演艺业无疑是其中一个重要的产业。

二、娱乐之都

百老汇是纽约通向世界的一张文化名片，它的演出在世界上也享有盛名。作为一门产业，"百老汇产业"已成为拉动纽约经济增长的重要引擎之一。

1.百老汇的出现及其发展

百老汇，原意为"宽阔的街"，是以巴特里公园为起点、南北纵贯曼哈顿岛长达25千米的一条街。1810年，百老汇建立了第一座剧院，即Park Theater，随后这里陆续建立起了其他的剧院。作为一种尝试，剧院演出的节目风格受欧洲尤其是英国的影响较大。美国，特别是纽约经济实力的增强，给文化事业的发展带来了信心，百老汇的演出剧目开始有了本土意识，许多文学作品和小说被改编成剧目搬上舞台。

百老汇在地理上逐渐分化为三大部分，即内百老汇、外百老汇和外外百老汇。内百老汇是指百老汇大街44街至53街上的剧院，外百老汇通常指在内百老汇外围的第41街至56街上的剧院，而外外百老汇则是或零散，或集聚地分布在外百老汇外围一些街区的剧院。内外百老汇的区分，使得百老汇逐渐发展成为包含不同风格的演艺群体。内百老汇，即传统意义上的百老汇剧院，是随百老汇的发展而发展起来的。内百老汇的剧院规模比较大，作为商业剧院，一般上演的是热门的、可引起轰动的经典剧目，如较为高雅的音乐剧，比较著名的有《悲惨世界》《西贡小姐》《美女与野兽》《42街》《灰姑娘》等。根据发展的需要在内百老汇的外围又发展出了外百老汇和外外百老汇。

2.百老汇的产业系统

据百老汇联会的统计，百老汇作为纽约文化产业的突出代表，在2007—2008年的剧集收入大约是9.37亿美元。即使在金融危机下，百老汇的演出势头依然强劲，许多人将在剧院看戏剧作为"逃避现实"的一种方式。2006—2007年，尽管百老汇演出的直接经济效益才刚刚接近10亿美元，但百老汇所带动的整体经济效益每年达40多亿美元，百老汇已成为拉动纽约经济增长的重要动力。

2008年，"中国百老汇"基地——中国国家排演中心在北京海淀区开建，项目总建筑面积超过60万平方米，新建32座不同规模、不同风格的剧场，其中包括能容纳2000人座位的百老汇旗舰剧场，30个300—500人座位的小剧场，以及一个中型剧场。这里将成为集音乐剧编剧、创作、作曲、交流、上演、演员培训等为一体的中国百老汇基地。但发展"中国百老汇"基地的同时，北京应该更为注重的是百老汇的产业系统和运作方式。

纽约百老汇的产业系统大致分为以下几个部分：[1]

（1）剧院。属于百老汇范畴的剧院有200多家（纽约共有390多家剧院）。

（2）艺术团体。纽约有180多个音乐和歌舞团体、近100个舞蹈团体。实际上参与百老汇节目制作和演出的国内外的艺术团体还有很多，有的剧院自身也拥有艺术团体。

（3）配套企业或公司。纽约有145个制作间和舞台，3900多家影视和舞台节目制作配套的服务企业（包括实验、音响、设备、服装、道具租赁等），另有一些配套产品（如有关百老汇的书籍、音像制作、纪念产品等）生产企业。

（4）直接服务企业或公司。主要承担有关中介、经纪、创作、法律、基金和广告等。

（5）间接服务部门。包括保安、住宿、餐饮、购物等部门。

（6）综合性行业服务部门。主要包括"美国剧院与制作人联盟""美国剧院协会"等组织或机构。

---

[1]黄发玉：《纽约文化探微》，中央编译出版社，2003，第162页。

美国剧院与制作人联盟对百老汇的整体运作起组织和协调作用,每一个环节各司其职、高效运转,保障了百老汇的经营与运作。为了促进百老汇的发展,纽约市政府及剧院本身采取了许多具体手段和措施,对百老汇的运营、推介起到了重要的作用。

其具体内容大致有:

(1)打击色情。百老汇作为一个文化娱乐场所,难免会融入一些色情的因素。20世纪60年代,由于经济的下滑,百老汇的演出业受到一定冲击,为了吸引观众,色情业进入了百老汇。尽管色情因素的融入一定程度上达到了吸引观众的目的,但长此以往必然影响百老汇演艺行业的发展。这种情形持续了大约10年,后果是游客和市民对百老汇所在的时代广场避之唯恐不及,去百老汇观看演出和旅游的人数大大降低,富有生气的时代广场面临生存的危机。90年代初,纽约市市长朱利安尼认识到,一个充满生机和活力的百老汇产业和时代广场将有助于纽约城市的发展,于是,对百老汇的一些剧院和场所进行了大清理,扫除了色情、吸毒等不良行为,改变了百老汇萎靡的风气,使百老汇的安全指数大大提高。

(2)对一些演艺机构进行政府资助或免税。文化能够产业化,但并非所有的文化都可以产业化,对某些特殊的行业必须予以保护,如一些公益性的行业。为此,纽约市政府联合政府并动用基金会,对一些非营利行业进行了保护性发展,为一些非营利性机构提供资金支持。

对一些商业剧院而言，纽约政府还曾先后对百老汇商业性文化采取了非营利性文化所享受的免征销售税的政策。如纽约市于1997年通过法律，对商业性剧目生产和演出中一些有形的物质或服务消费采取了免除销售税的优惠政策。1999年，纽约州政府免除了部分销售税，有力地促进了剧院的发展和繁荣。

（3）注重节目的质量和精神追求。百老汇的许多剧目是重复上演的，最为著名的莫过于《猫》。歌舞剧《猫》自1981年在伦敦首场演出以来，至今仍不见衰。《猫》成为世界上演出时间最长、票房最高的舞台剧。据统计，《猫》在百老汇上演的次数达7400次之多。观众对同一个剧目不感到厌烦，没有产生审美疲劳，最为重要的因素是节目直击人的灵魂深处，剧情中渗透着沁人心脾的人文关怀。演艺业是娱乐，但演出绝不仅仅是娱乐。对演出剧目的质量有较高甚至苛刻的要求，是百老汇演艺业经久不衰的关键。

但这种苛刻，使得一些年轻编剧所创作的剧目很难在百老汇上演，因此，在百老汇的外围发展出了外百老汇。可以说外百老汇是打破内百老汇对剧目的垄断而发展起来的。外百老汇剧院的规模较小，最初选择在租用的旧厅堂和地下室演出，演出的都是一些低成本且不乏实验性的先锋剧目，其中也包括因风格等原因而不能在内百老汇上演的剧目。经过几十年的发展，外百老汇的演艺团体也越来越具有组织性，演艺水平和质量也得到不断提高，更有甚者，个别剧目的影响比内百老汇演出的影响都大。如

2009年上演的《临时居所》就是比较成功的一个剧目。20世纪60年代，外百老汇每年上演的剧目为80多个，包括古典剧、实验剧、喜剧、严肃剧等各种流派的戏剧作品。质量的提升，使演出的费用越来越高，外百老汇剧院也日趋商业化，一些低成本、小制作的剧目难以立足，外百老汇和内百老汇之间的界限已趋于模糊了。20世纪60年代，在外百老汇的外围又发展出了与早期外百老汇功能相类似的外外百老汇。

需要指出的是，虽然内百老汇、外百老汇和外外百老汇在地理位置、演出内容上有一定区别，但如果外外百老汇的某些颇具实验性或先锋性的剧目演出成功，取得令人可喜的效果和较高的票房，剧目便会在外百老汇和内百老汇上演。从某种意义上，外百老汇和外外百老汇是进入内百老汇不可或缺的阶梯，而外百老汇和外外百老汇的大胆创新与丰富实践也推动了百老汇演艺的发展。

（4）票务经营与自身推销。首先，在票价上，百老汇以低廉的票价吸引着广大的游客和市民。百老汇的票价一般第一层次每张30—75美元，第二层次每张20—45美元，第三层次则在15美元以下。而纽约的人均月收入大约为3750美元，意味着百老汇的最高票价最多只占月收入的2%，即使票价如此低廉，某些剧院还为个人提供折扣券，如买一送一或免票活动。低廉的消费却享受着高质量的精神服务，这使得纽约的市民及周围的人群愿意来百老汇欣赏演出，而这本身也构成剧场推销自身的一种方式。

其次,百老汇在利用售票机售票时还有调查问卷,如姓名、联系方式、了解渠道、欣赏需求等,便于剧场掌握观赏者的消费心理,及时对不同人群推介不同的剧目,增加票的销售量。再次,百老汇与企业开展广泛的合作。如百老汇与航空公司、铁路公司等共同开展优惠活动,在企业获利的同时也宣传了自己。

(5)海外推介。百老汇并不仅仅局限于在国内推介,在国外也积极地开展推介活动,以开拓国外市场。据统计,去百老汇看演出的观众中,慕名而去的外国游客购买了近乎半数的门票。与此同时,百老汇也积极在其他国家巡演或建立海外百老汇。青年参考网转载《纽约时报》的消息说:"百老汇的三大剧院经营者之一——倪德伦公司,计划宣布它所成立的一家新公司的具体细节。这家新成立的公司将到中国开展百老汇音乐剧的市场推介和巡回演出。……百老汇的制片公司仍迫不及待地涌向中国。走在最前列的是百老汇亚洲娱乐公司、英国的卡梅伦·麦金托什公司以及较小的迪斯尼戏剧公司。迪斯尼戏剧公司总经理兼财务总监戴维·施雷德说,缺少剧院是亚洲很多地方面临的一大挑战。"[1]

无论是产业链自身的完善和延伸,还是在具体运作中采用的方式和策略,可以说是在多方面的配合与运作下,以百老汇为代表的演出业才会长盛不衰,纽约作为世界上的娱乐之都才为世人所认可、喜爱。

---

①坎贝尔·罗伯逊:《百老汇的新梦想在中国》,http://qnck.cyol.com/content/2007−03/20/content_1705739.htm,访问日期:2021年9月2日。

三、文化之都

文化艺术对纽约这样的全球城市的发展影响巨大,其文化经济、文化创意产业一直是各方关注的重点。近年来,作为全球首屈一指的国际化大都市,纽约2017年以来相继推出了几个有关创意产业及文化艺术对纽约经济、社会影响的评估报告。虽然美国联邦没有文化部,但纽约市政府在1975年正式成立了纽约文化事务部(DCLA),以协调市域五区公共文化与艺术发展。①纽约拥有庞大的营利与非营利私营文化机构,同时,其公共文化服务机构也得到了长足发展。

纽约积极推动公共文化服务基础建设。美国自然历史博物馆早在1869年就建立了一种特别的政府与私人的合作关系。这种关系的基本模式为:政府提供土地和场馆建设资金,并支付暖气、照明、部分运营及安保费用,私人非营利组织则负责确保整个文化机构运转。纽约市这类私营非营利组织经过几个世纪的发展,如今被统一纳入文化机构集团(CIG)。纽约文化事务部除关照文化机构集团,还负责扶持其他非营利机构,2017年有900家非营利机构的文化项目获得资助。

①其职能包括:为纽约市行政区域内非营利文化机构提供公共资金支持;推广和倡导高质量的艺术节目;代表并服务于视觉、文学和表演艺术的非营利文化机构;以公共为导向的科学和人文机构,包括动物园、植物园和历史保护协会,以及在城市的五个区内生活和工作的各种技能水平的创意艺术家等。文化事务部还通过其艺术材料计划,为非营利机构和纽约市公立学校的艺术课程提供免费用品。该部门还负责纽约的公共艺术品,委托世界顶尖艺术家制作了180多件艺术品。

除了直接投入资金，纽约市文化事务部还设立了其他文化支持方式。历史上，1977—1982年纽约市启动过"综合就业和培训法案"（CETA）艺术家项目，聘请了超过600位艺术家和300位工作人员为纽约市工作。创立于1978年的"艺术材料"（MFTA）项目由多个机构配合废旧材料回收，分配给公立学校和艺术机构作为艺术创作原料，至今运转良好。纽约在1982年推出"百分比艺术"（Percent for Art）法案，要求城市公共建设预算拿出1%用于公共艺术。至今超过330位艺术家受"百分比艺术"资助对纽约基础设施和公共建筑进行过"艺术加工"，包括各种介质绘画、新技术、照明、马赛克、玻璃、纺织品、雕塑和装置等。20世纪80年代以来，纽约市还通过一系列项目①推动社区艺术教育和发展，并于2003年整合成立了"文化发展基金"（Cultural Development Fund）。

美国虽不像英国等国家、地区和城市的政府那样明确界定"创意产业""文化创意产业"，但纽约市政府（文化事务部）及民间常常采用"创意产业"（Creative Sectors）的提法。面对纽约的发展现实，相关研究者将纽约市创意产业分为十类：广告、电影和电视、广播、出版、建筑、设计、音乐、视觉艺术、表演艺术和独立艺术家。十几年来，纽约创意产业的发展速度超过了传

---

①包括"艺术曝光计划"（The Arts Exposure Program）、"各自为政"（Free-for-all）、"艺术发展基金"（Arts Development Fund）、"项目发展基金"（Program Development Fund）等。

统金融、保险、房地产和法律服务等产业。在纽约的新增中产阶级就业岗位中，大部分是文化与创意产业岗位，包括广告、建筑、销售、出版和设计等。从2004年到2019年，广告业的就业人数增长了57%，增加了2.7万个工作岗位；电影和电视工作岗位增长了52%，五个行政区新增了1.9万个工作岗位；建筑业工作岗位增长了59%，净增了近6000个职位，[①]根据纽约市审计长斯科特·斯金格（Scott Stringer）的报告，该市目前占全国所有创意工作的12%，共有29.3万人直接从事创意产业的工作，赚取共计304亿美元的年薪。[②]创意企业和创意产业相关非营利机构数量则从2005年的近1.2万家增长到2017年的约1.5万家。全美国28%的时装设计师、14%的制片人和导演、12%的印刷从业者和媒体编辑以及12%的艺术总监都在纽约。纽约甚至已经超过洛杉矶，成为全美国最大的音乐产业集聚地。

创意产业的经济价值不只体现为直接就业人口，还包括对相关产业的带动作用。创意产业各门类本身都有很长的产业链，已是常识，无须赘述。纽约1/4的创意人就职于"幕后"行业，包括出版、电视电影制作、策展等。这些人直接或间接创造了纽约市一半的文化产值。在2016年纽约财政预算投到文化部门1.65亿美元，最后直接或间接创造超过1000个就业岗位，赚取了

①Jonathan Bowles, Winston Fisher, "Starving artists no more? NY´s creative industry fuels middle-wage jobs." *Chain´s New York Business*, Dec. 13, 2019.

②Scott M. Stringer, "The Creative Economy: Art, Culture and Creativity in New York City," accessed October 25, 2019, https://comptroller.nyc.gov.

8500万美元利润，产值1.85亿美元。[①]因此，自2017年起，纽约市在预算中增加了对文化机构的投入，2017年预算增加了1900万美元，使得总预算增加到1.82亿美元，比2016年增加了12%。这一项预算支出在2020年的城市预算中超过了2800万美元，通过不同的渠道投入了文化机构。[②]

如果一个世界级城市的创意产业发达，就必然对游客会产生巨大的吸引力。纽约本就是全球热门旅游目的地，在过去十几年中，随着文化创意产业的增长，游客人数从2002年的3530万人增加到2018年的6520万人，增长了84.7%。其中，外国游客增加一倍以上，从每年510万人增加到1350万人，2018年有中国游客110万人到访纽约。[③]一年两次的时装周等活动吸引了来自全球各地的与会者，每年直接访客支出为5.47亿美元，总体经济影响为8.87亿美元。[④]

宾夕法尼亚大学的研究报告[⑤]另辟蹊径，考虑经济影响之外的社会影响，证明文化艺术对城市的健康、安全和幸福感都有影

① Fiscal Year 2016 Adopted Budget, NYCDCLA, http://www.nyc.gov and CreateNYC 2015: 39.

② Scott M. Stringer, "The Creative Economy: Art, Culture and Creativity in New York City," accessed October 25, 2019, https://comptroller.nyc.gov.

③ Andrea Doyle, "New York City Again Sets Tourism Record as It Roars into 2019," Northstar Meetings Group. January 17, 2019. https://www.northstarmeetings-group.com.

④ Creative New York 2015.

⑤ 艺术项目的社会影响（SIAP）课题组的报告"纽约市社会幸福感：文化与艺术的贡献"。作者是宾夕法尼亚大学的 Mark J. Stern 和 Susan C. Seifert.

响。拥有较多文化资源社区的中低收入居民,比文化资源较少社区类似收入水平的居民更健康,受教育程度更高,整体更安全。[①]这个课题组观察了4700个非营利性文化项目和17000多个营利性文化企业,认为它们构建起了一个宽广、多样性和富有活力的社区文化生态系统。

在纽约,创意产业被认为是布鲁克林区复兴的关键。[②]但同时也存在着许多矛盾:有人认为,21世纪以来布鲁克林、曼哈顿和皇后区的艺术发展似乎"过于成功"——新画廊和工作室带来了连锁店和豪华公寓,这就大大提高了这些区域的生活成本,也可能完全改变这一地区的文化特色。比如艺术家会因为难以承受高房价与高租金而"出逃"。这在后来的城市如北京、上海的发展中多次得到证明。快速的集聚效应加速推高了房价,艺术区被更具商业价值的企业占据。创意人才和机构不得不离开城市中心进驻郊区,原区域很难再形成鲜明的新文化特色。纽约如此,北京的798等园区也如此。可悲的是,这一进程往往是不可逆的。

纽约发布和出台了三个重要报告和文件,即2017年7月由政府主导的"创造纽约"(Create NYC)文化发展规划;2017年5月由高校研究机构主导的"艺术项目的社会影响"报告;2015

---

① 报告证实,文化资源的存在会使这些街区虐待儿童和忽视儿童案件减少14%,肥胖人数减少5%,在英语和数学考试的最高层中孩子的得分增加了18%,严重犯罪率下降18%。

② 语出布鲁克林商会主席 Carloo Scissura。见 Creative New York 2015:10.

年由智库机构主导的"创意纽约"报告。三个报告分别指出了纽约文化创意产业与城市发展的主要矛盾和问题。三个报告提出的问题十分相似,主要包括:

第一,城市住房、生活成本过高,创意产业的相关企业和人才难以负担。纽约75%的艺术家靠外部收入养活自己,由于高房价和高房租,近半数负担不起,大部分独立艺术家都不得不搬离。纽约创意工作者的收入虽然高出全国平均水平44%,但如果综合考虑城市住房、食品、运输和医疗保健的高成本,以购买力而言,纽约创意人时薪的中位数比全国水平低15%。何况在看得见的收入差距之外,还有很多隐性的元素增加了国际大都市与其他城市在发展文化创意产业方面的难度。在纽约,这些元素并不限于助学贷款等债务负担、无偿实习、通货膨胀等。

第二,政府补贴多是锦上添花而缺雪中送炭。如2015年,纽约77%的财政文化扶持资金提供给了文化机构集团中的33个机构,剩下1000多家机构仅能申请剩下的23%;虽然同处纽约市,曼哈顿区平均每人获得的文化扶持资金是45.88美元,而皇后区人均只有4.58美元,布鲁克林区人均8.87美元,分别是曼哈顿的10%和20%左右。[1]而且这一组数字还不包括公共补贴之外数量庞大的私人资助,这些资金主要会流入知名度高、有更完备

---

[1] Eric Adams, Adam Forman, "Arts funding strategy should keep pace with Brooklyn's growth", City and State New York, Aug. 26, 2016, accessed Aug. 18, 2018, https://www.cityandstateny.com/articles/opinion/arts-funding-strategy-should-keep-pace-with-brooklyns-growth.html.

募捐能力、能举办豪华筹款晚宴的机构，加剧了这种不平衡的现象。

第三，每一个城市都有自己的底色。国际化大都市需要面对不同背景居民带来的文化多样性，与一般城市显著不同。纽约具有美国国情的特殊性，人口流动使居民构成不同的族群，也带来了文化的多样性。但多数外来族群很难参与文化艺术管理。

这些问题的解决，对我国北、上、广、深等城市有着重要的借鉴意义。

纽约市也试图缓解上述矛盾。2017年7月，纽约市建立了由22人组成的市民咨询委员会①，并通过各种渠道征求了18.8万名纽约市民的意见。之后颁布了十年期的"创造纽约"（Create NYC）规划，旨在将纽约市构建成一个更包容、平等、灵活的文化生态系统。这是纽约市历史上第一个文化发展规划。这一规划的宗旨是将艺术和文化项目推广到纽约行政区域内所有社区，改变过去只关注曼哈顿区发展的现实，使纽约文化机构能更好地服务城市中不同民族多元文化需求的人，并持续产生积极作用。2018年，纽约市将该市迄今为止最大的一笔财政资金4030万美元分配划拨给纽约文化事务部下属文化发展基金，其中645万美元用于"创造纽约2018倡议"，大约400万美元用于文化事务部

---

① 该委员会为制定"创造纽约"规划而设立，在规划颁布前已成立并运营超过一年。成员包括博物馆大道（Museum Mile）资深员工、尖端表演艺术中心成员、社区组织领导人、个人艺术家的资助者和慈善家。其宗旨是提高艺术和文化的支持、创作、展示和可到达性。

所谓的"小型组织的更大增长"，145万美元用于被认定为服务不足的社区工作的260个团体。[①]而全市总的年度文化预算已被增至1.88亿美元，与之形成对比，美国联邦政府层面的国家艺术基金会等全部联邦拨款也仅有1.5亿美元。

该报告称，将增加对艺术家个人的援助，新的资金和资源也将用于培训更多的少数族裔申请人从事高级文化工作，并使残疾人更容易进入文化机构。值得注意的是，该计划的承诺是将艺术和文化活动带到昂贵的商业走廊（如百老汇剧院区和第五大道博物馆大道）之外，甚至到达边远的、服务欠缺地区。该计划包括一些具体的预算细节，将继续为大都会艺术博物馆和公共剧院这样的顶级机构提供支持，也向底层社区团体承诺了新的财政资源。针对文化多样性难题，该计划制定了与预算相关的目标，改变了过去从董事会成员到策展和创意人员、艺术和受托管理人员以白人男性为主的面貌，力推多元化。这些措施主要以金钱手段来实施，但规划制定者乐观地认为，规划理念也可以作为顶级机构的导向，无形中修正过去的很多问题。这份规划包含当前计划（1年内）、短期计划（2年内）、中期计划（4年内）和长期计划（10年）。规划内容涵盖八个领域，包括：公平和包容，社会和经济影响，负担能力，邻里角色，艺术、文化和科学教育，公共

---

① Andy Battaglia, "New York City Grants $40.3 M. to Arts Organizations in Largest-Ever Allotment for Cultural Development Fund", Art News, Dec. 21, 2017, accessed Aug. 20, 2018, http: //www.artnews.com/2017/12/21/new-york-city-grants-40-3-m-arts-organizations-largest-ever-allotment-cultural-development-fund/.

空间的艺术与文化,全市协调,文化部门的健康。

"公平和包容"是指纽约市将提供机会增强文化组织资金的公平性,为历史上投入不足的社区提供资源。基本思路是加大对低收入和低资源文化机构、集团(CIG)成员的支持力度,支持就业政策,通过专业发展和来自代表性不足群体的文化工作者的就业增长,来促进多样性、公平性、可达性和包容性。打破社会经济和语言边界,促进沟通。通过科学的项目扶持,为市民提供负担得起的艺术和文化。

"社会和经济影响"指艺术和文化在公平、经济和健康、繁荣的社区中的基本作用,基于前述"艺术项目的社会影响"报告展开。主要方式是促进学生就业,鼓励来自不同社区的文化工作者的专业发展,并保障文化工作者和艺术家的工资。

"负担能力"旨在保护受到威胁的文化空间,并创造新的空间,以确保跨学科的艺术家和文化组织能够负担起现场、工作和展示空间。纽约市发起了一个负担艺术家房地产的倡议,合作开发新的经济型工作空间模型,并增加新旧现有空间(如图书馆、广场、公园和学校)以及表演和展览空间。通过有针对性的外展活动,艺术家和文化工作者将能够更好地获得现有的和新开发的、可实际获得的经济适用房。房地产商准备以培训和资源共享支持文化组织的长期可持续性。

"邻里角色"旨在通过文化视角支持邻里促进社区蓬勃发展。通过对建筑社区拓展计划的支持以及加入私人慈善事业,来增强对低收入、服务欠缺地区的当地艺术和文化的支持，从而帮助现有社区和文化蓬勃发展。纽约市通过将艺术和文化优先事项纳入社区规划并重新分区工作，进一步保护和加强其文化基础设施建设。通过绘制文化参与数据，为公平的资源分配提供信息，可以将资源用于五个行政区内更多社区的艺术、文化和科学计划。地方艺术委员会将在更高层次提供资源，以支持更多样化的社区、文化组织和个人艺术家。营销活动和与当地社区利益相关者的互动，将提高对邻里艺术和文化的认识。

"艺术、文化和科学教育"的目的是提高公立学校孩子的艺术、文化和科学教育质量，并增加相应的机会，提供更实惠的课后计划和实践考察计划，并探索吸引学生家庭参与的机会。老年人可参与艺术教学，并参与创意老龄化计划，扩大城市资源的使用范围。

"公共空间的艺术与文化"是要增加艺术家在公共场所和公共机构工作的机会，支持公共艺术家驻留项目，鼓励其在街道、广场、公园和社区花园中进行各种节目表演，并为广场经理和社区成员提供技术支持。

"全市协调"的目的是打通城市各个部门，将文化部门的需求纳入社区和经济发展规划流程。

"文化部门的健康"是指在蓬勃发展的艺术生态中，该行业的所有参与者都应该拥有成功完成工作所需的资源，包括财务管理、与商业部门的衔接、资助模式。"夜生活大使"，需要精简文化发展基金拨款的申请程序。

这八大领域相对来看十分具体、全面，也十分务实，起到了公平、宽容、支持创新的重要作用。

总的来看，纽约在当代城市的发展中，以金融作为城市发展的支撑与依托，以艺术和娱乐推动城市的影响力和美誉度，以城市文化和城市文化治理作为城市的高端品牌和名片，由此形成了一个相互连接的全球经典城市。同时，纽约在文化创意产业的推动上也站在世界前列，成为引领全球创意产业、创意经济发展的样本和引擎。

第十章　新兴全球城市的多元发展路径

世纪之交，随着新经济的发展，一批新兴城市迅速崛起。这些新兴城市一般依靠发达城市的转移或自身固有制造业得到早期发展。新经济的发展，制造业在城市发展中的作用越来越多地为其他产业所取代，不仅表现在城市发展的目标和指向上，而且在发展策略及城市建设上也有明显的体现。

一、新加坡：城市发展与信息通信战略

新加坡，毗邻马六甲海峡的岛国，城市环境洁净、优美，以"花园城市"的美称享誉世界。新加坡在20世纪80年代经济开始腾飞，成为"亚洲四小龙"之一，不仅发展成为亚洲最重要的金融、服务和航运中心之一，而且在信息化方面也走在了世界前列。

据世界经济论坛2005年3月发布的2004—2005年度《全球信息技术报告》显示，在信息化程度上新加坡居世界首位，是全球信息化程度最高的经济体，且《全球信息技术报告》还首次将新加坡列为全球发展信息和通信技术最佳的经济体。信息化的发展使新加坡成为全球公认的电子政务发展最领先的国家，"现在

新加坡的电子政务每年可为其政府节省2300万美元，政府希望今后每年节约的资金能够达到4600万美元。……'电子公民'是新加坡人对自己的形象概括。"①

新加坡发展信息化的途径大致有以下几个方面：

1.信息化规划②

新加坡发展信息化是从20世纪80年代开始的。1980年新加坡成立国家计算机委员会（CNC），制定了第一个五年发展计划《国家计算机化计划》，并借助国家电脑局的力量予以推行，力图使所有行业实现计算机化，其内容集中在：

实施公民服务计算机化计划，为各级公务员普遍配备计算机，进行信息技术培训，并在各个政府机构发展了250多套计算机信息系统，以推进政府机构办公自动化。

推动地方信息技术工业的发展和成长。

组建信息技术人员联合会，以适应信息技术工业未来发展的需要。

经过第一个五年计划的发展，新加坡初步实现了预期目标，在第一个五年规划的基础上，1986年又制定了第二个五年计划，该计划着重利用20世纪80年代中期形成的融合运算和交流功能的网络技术，进一步深化市民服务计算机化计划。围绕这一计划，新加坡政府连接了23个政府部门的计算机网络，通过电子

①中华人民共和国科学技术部编《国际科学技术发展报告2006》，科学出版社，2006，第78页。

②文字翻译并参考自新加坡政府网和新加坡资讯通信发展管理局公布的文件。

数据交换系统，各部门之间的数据可以共享，在对外贸易、司法、医疗等方面积极为公民开展网上服务，推动了无纸化办公。

1992年，新加坡出台"信息技术2000"计划。该计划明确指出了在未来15年内要将新加坡建成"智能岛"，在普通民众中普及网络信息技术，使信息技术在每个公民的社会生活中的每一个角落都能发挥不可替代的作用，为公众随时提供交互式的电子化的服务。为实现这一目标，1996年新加坡宣布要建设覆盖全国的高速宽带多媒体网络，投资了8200万新元，该网络于1997年正式建成，1998年投入运营。网络连接了个人与团体，计算机将发展成集电视、电话等多种功能为一体的信息工具，为个人的生活提供便利，这也是世界上第一个全国性的宽带网络。"信息技术2000"计划还要将新加坡与世界连接起来，把新加坡打造成全球的信息技术中心。

2000年，新加坡通过了"信息通信21世纪规划"，规划到2005年新加坡要成为网络时代的"一流经济体"。在这一规划下，新加坡加速了资讯通信业的发展，希望通过实施这一计划提高国家的竞争力。为此，新加坡着力围绕以下几个方面开展工作：

（1）使新加坡成为亚太地区第一信息通信中心。

（2）发展具有竞争力的电子经济，使其成为私营部门的发展动力。

（3）使新加坡发展成为最后的电子政府，使其成为公共部门的发展动力。

（4）发展信息技术深扎民众头脑的电子社会，使其成为民众的发展动力。

（5）使新加坡成为信息发展最前沿的首府和电子化学习的中心。

（6）创造有益于前沿经济和前沿消费者发展的政策和法律环境。

在计划的实施过程中，新加坡政府向私人企业开放电信市场，让私人企业参与到信息化的建设中，实现完全竞争。电信市场的全面自由化，使市场成为驱动价格与竞争的中坚力量，私人企业的参与，成为新加坡通信计划的推动力，新加坡也成为亚太地区最具竞争力的信息通信市场。在网络覆盖各行业和机构的基础上，新加坡在2001年向三个电信运营商发放了3G牌照，促进了无线通信业务的发展。

进入21世纪，新加坡根据亚洲市场的变化，即亚洲已不仅仅是廉价商品的生产基地，许多跨国公司更多的是将高层管理人员派往亚洲，营销的重心越来越多地向亚洲发展。针对这一变化，新加坡在2003年和2006年及时出台了"连接新加坡计划"和"智慧国2015计划"，将新加坡定位于"全球企业的家园"，新加坡不仅应成为跨国公司的亚太区总部，而且应是全球性决策的枢纽和基地。

其目的是将新加坡和其他主要的国家及城市连接起来，将新加坡打造成亚太地区的电子商务中心。该计划还描述了个人、团体如何利用信息技术，发现新的机遇、创造新的价值，对传统行业如何在电子商务中重新焕发生机做出了规划。该计划从信息通信产业的互通、创新和合作，数字交换，成长的引擎，政府和企业变革等四个主要方面以及计划的基础环境建设、人才发展、技术规划和企业发展的有利环境等三个层面来实施。而作为新加坡10年规划的"智慧国2015计划"，总体目标是挖掘未来10年的信息通信潜力，使新加坡保持信息通信业的领先地位。其具体措施为：

利用更先进和创新性的信息技术，率先转变关键经济、政府和社会部门的职能。

建立超高速、普遍、智能和可信赖的通信基础设施。

发展具有全球竞争力的通信业。

培养具有专门技能的信息通信人才，开发具有全球竞争力的通信人力资源。

2.完善法律法规

为配合资讯通信业的发展，新加坡相继出台了一系列法律。为遏制利用计算机犯罪并为判定犯罪事实提供法律依据，1993年新加坡颁布《滥用计算机法》，1998年又对该法进行了修订。修订后的《滥用计算机法》新增了"干预或阻碍合法使用的行为""在授权和未经授权的情况下，进入电脑系统犯案""非法获利和使别人受损失"等三项新的犯罪行为。

与该法配套，政府制订了《信息安全指南》和《电子认证安全指南》，两项法案均从不同的层面明确了使用计算机的注意事项和应遵守的规则。

为与《世界知识产权组织版权条约》（1996）、《世界知识产权组织表演和录音制品条约》（1996）相一致，新加坡于1999年8月对《版权法》进行了修订。修订后的《版权法》进一步强化了新加坡在数字领域的版权保护，界定了版权所有者、网络服务提供者等互联网各方的权利和义务，有力地促进了互联网的使用和电子商务的发展。2004年，新加坡再次对《版权法》进行修订，新修订的《版权法》对以谋取商业利润为目的，大量下载音乐、电影、软件等电子产品，视为蓄意侵犯版权的犯罪行为，予以严厉处罚。

1998年，新加坡出台了《电子交易法》。该法为电子交易提供了一个法律构架，法律对电子记录的法律效力、电子记录的书面形式、电子记录的留存、电子签字及认证、网络服务提供人的责任、电子合同的成立和效力，以及对电子合同的收讫等方面做了具体的规定。该法的颁布意味着新加坡成为世界上较早制定电子商务法律制度的国家之一。

随着网络的普及，水、电、煤气、电信及交通等重要的服务部门对电脑网络及信息系统的依赖越来越强，而这种依赖可为恐怖分子及犯罪分子所利用。鉴于变化了的形式，2003年新加坡又通过并颁布了《防止滥用电脑法》的修正案。该修正案允许对所有的计算机活动进行监控，并授权安全执法机构在对付电脑黑客时采取"先发制人"的行动，以此加大打击信息犯罪的力度，保护网络安全。

3.加大对信息化人才的培养

新加坡在积极推进信息化的过程中，还加大对信息人才的培养力度。自20世纪80年代新加坡决定建设信息化的城市后，便开始注重对信息化人才的培养。在"信息技术2000"计划的指导下，对信息化的建设不仅投入了大量的资金，而且开展了广泛的国际合作。1997—2002年，新加坡投入了20亿新元用于学校的网络建设，且每年拨付6亿新元用于提高教师技能及新软件开发等。不仅如此，新加坡还大力发展世界级的学院，吸引和留住国际人才，培养信息化的精英人才，提高人力资源的数量和质量，以增强新加坡信息通信工作队伍的竞争力。如新加坡不仅与许多国家开展信息化人才的联合培养，而且效仿美国欢迎外来的青年留学或移民到新加坡，以弥补新加坡地小人稀的不足，借用外来人口增强新加坡的国力。

经过几十年的发展，新加坡从一个经济基础薄弱、自然资源缺乏的岛国，发展成一个信息化程度较高的国家，这得益于其系统而又超前的战略规划。正如IDA助理局长孔学仁所指出的：战略性的远见使新加坡受益，10年前制定的信息化战略，使新加坡成为信息通信强国。当然，在具体实施信息化的过程中，法律的完善、人才的吸引和培养也起到了不可替代的推动作用。但也应该看到，新加坡的信息化是多种力量共同推动的结果，如"威权制"的政府、电子政务的实施、免税的优惠措施等，都为新加坡的信息化起到了积极的作用。

二、法兰克福：世界图书版权交易之都

法兰克福，位于美因河的下游，德国的西南部，黑森州最大的城市。1866年，法兰克福并入普鲁士，逐渐发展成为一个日益繁荣的商业城市。第二次世界大战后，德国作为战败国，法兰克福虽然在经济和社会发展上受到了很大冲击，但经过几十年的发展，法兰克福在电子、机械、金融等领域都取得了骄人的成就，成为国际知名的大都市。在众多的行业中，会展业不仅是法兰克福一个悠久的行业，也是推动法兰克福经济、社会发展的重要力量。可以说，会展业就是法兰克福走向世界的文化标志。

（一）会展业的发展

在法兰克福，会展业有着悠久的历史。法兰克福因查理大帝而得名，因此，法兰克福作为一个城市从兴起便成为人们瞩目的焦点。从此，法兰克福成了一个风云之地，不仅数位帝王的加冕都选择了这里，而且后来又成了德意志邦联议会、德意志国民议会的所在地，成为政治中心。与此同时，各种商业的交易会也在此兴起，而在各种交易会中，图书贸易开始崭露头角。15世纪中期，在法兰克福附近居住的约翰·古登堡发明了活版印刷术。印刷术的兴起，使法兰克福在16—17世纪成为德国乃至欧洲最重要的图书贸易场所。后来图书交易会曾一度受到皇室的严格审

查，交易量锐减。第二次世界大战后，法兰克福的图书贸易再次繁盛。1949年，法兰克福图书博览会在保罗教堂举办，这也是世界第一次现代意义上的博览会。随着外国出版商的参加，法兰克福图书博览会逐渐发展成为世界上规模最大、享誉世界的展览会，有人甚至以"世界出版人的奥运会"赞誉法兰克福的图书博览会。随着法兰克福会展业的发展，越来越多的行业都将法兰克福作为展示自己的舞台，如法兰克福汽车展、圣诞礼品展、美容美发展等。

（二）会展业兴盛的因素

在德国，会展业已经成为带动经济和社会发展的重要力量。目前，全世界1/5的会展场馆在德国，全球最大的5家展览中心德国占了4家，法兰克福会展中心便是其中之一。会展业已成为法兰克福的重要经济支柱，每年不仅有50多个展览、50000多个会议在这里举办，而且全世界75%的图书版权贸易也在这里成交。法兰克福成为世界重要的会展中心不仅和法兰克福优越的地理气候条件有关，也与政府的推动及其自身的建设有着密切的联系。

1.优势及良好的自然条件

区位和气候是城市发展的先决条件。法兰克福位于德南山地和德中丘陵平地之间的交会点上，不仅是十分重要的陆路交通枢纽和欧洲的航空中枢，也是世界上最繁忙的枢纽空港之一，许多国家的航空公司都有直飞法兰克福的班机，有"德国的空中大门"的称号。法兰克福机场临近市中心，机场有直通波恩、科隆等城市的城际快车，市内地铁、有轨电车、公共汽车和市郊列车四通八达，交通便利。在气候上，法兰克福属海洋性气候，夏季凉爽，冬季温和，全年平均气温8℃—15℃，是德国最温暖的地方。市内除有供会展的设施之外，罗马广场、旧市政厅、歌德故居博物馆、圣保罗教堂、圣巴特罗美教堂、斯塔德尔美术馆等名胜，可供人们游览观光。

2.政府对会展业高度重视

德国政府对会展业高度重视，在政策制定及行业管理上不仅给予优惠，而且直接参与投资。如世界第三大会展公司——法兰克福会展公司的建设便是由政府投资完成的，其中法兰克福市拥有公司60%的股权，黑森州拥有40%。政府在展馆配套设施、周围交通建设、临时增加公交车次等方面均予大力支持，为高标准会展的举办创造了条件。如法兰克福不仅在靠近法兰克福图书博览会场馆处修建了地铁站，地铁到达机场的时间仅需几分钟，而且修建地铁站的全部资金由政府和相关的地铁公司支付。在展览会的开幕至闭幕期间，凭展览会的入场券甚至可以免费搭乘往返会展中心的地铁、火车以及专线大巴。同时，政府还鼓励企业到国外参展，除对到国外的企业和公司指导和协调外，还对参展企业给予适当补贴。

3.会展业的管理

尽管政府全部负责会展场馆及基础设施建设的投资，但并不对会展行业进行直接管理,公司在运作上采用市场化的方式。公司设管委会和监理会,管委会负责公司的日常运作,监理会负责监察管委会的工作。在具体与政府的协调及沟通上,由会展业的行业组织——德国会展业协会负责。德国会展业协会是德国展览业的行业组织,主要职能是协调行业与政府之间的关系、制定每年官方出国办展计划、协调各种展览活动、发布展览信息、宣传展览活动吸引国内外企业参展、统计,并审核展览会的相关数据、提供相关咨询、培训等服务。如在协调展览会的职责上,会展业协会会严格审核会展的名称,杜绝因展览会的雷同或相似而使参展商无法选择的事情发生。但在同一展览会下,每年有不同的主题,绝不会因年年举办而失去新意(表10-1)。

表10-1　不同年份的主题示例

年份	主题
2009	体验运动(Moving Experience)
2007	驱动未来(See What's Driving the Future)
2003	汽车的魅力(Cars-Pure Fascination)

不同的主题,不仅会启发参展者针对市场的变化研发新的汽车,而且主题的选择也反映了世界的需求和变化。2007年和2009年虽然主题不同,但都指向环保和绿色,正如默克尔在车展的揭幕式上所说:我们必须对降低温室气体排放量的问题做出回应。

4.专业化的队伍

随着竞争的日趋激烈，许多展览公司为保住自己的市场份额，在具体操作和运营上越来越趋于专业化和细致化，在每一个环节上都精益求精。从展前海外宣传、展位的咨询和预定，到展中的后勤服务，乃至展后对市场数据的收集、整理、分类、统计、研究与客户的反馈，都日益精细（图10-1）。精致的工作不仅能满足参展商的要求，而且优质的服务还能促使参展商再次参加会展，或替展览公司宣传，吸引其他的参展者慕名而来。

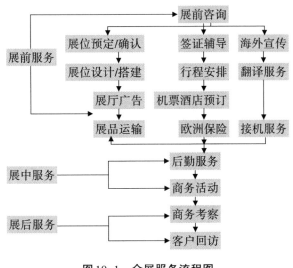

图10-1　会展服务流程图

专业化的服务需要专业化的人才，这种人才不仅需要大量的业务、惯例，还要具备专业化的知识。对会展业而言，会展中的信息不仅包含语言的语义信息，也有颜色或其他实物承载的非语义信息，不仅有科学技术方面的信息，也有社会学方面的知识。会展业的人才不仅要具备一定的策划、协调、组织及推介等基本能力，还应有一定水平的美学、心理学常识，以服务参展者或参观者的需求。如德国的科隆大学、瑞文斯堡大学、汉诺威大学、莱比锡大学等都设有专门的会展专业，在培养模式上，更多地注重产、学、研相结合，使学生不仅具备相当的理论知识，也具备一定的实践经验，为德国会展业培养了大量的人才。

5.国际化的战略

法兰克福的会展业具有世界性的影响，除自身不断得以完善外，还与法兰克福政府及会展公司的国际战略意识有关。国际化战略的实施，使法兰克福不仅走出了欧洲，而且走向了世界。政府在积极向其他国家推介的同时，还投入大量资金对一些欠发达国家进行资助。从1973年开始，德国外交部每年都会拿出一部分资金，邀请一些第三世界国家参加法兰克福书展，不仅仅是在参观上，而且还为他们提供免费的展台。在展出中，不仅使他们开阔了眼界，而且有利于版权的贸易，使他们能在书展中受益。更为重要的是，版权交易并不会在书展的几天之内完成，而会持续几个月之久，在不断洽谈、协商中，增进了感情，也增加了他们的收益，使他们在第二年就有可能主动申请参展。这样参加书展的国家越来越多，书展的规模也越办越大。①

书展还以每年设定一位主宾国的形式，来增加书展的向心力和影响力。在整个书展期间，主宾国是一个宣传的主题，主宾国

---

①陈志强、王大路：《法兰克福书展和德国的出版业》，《中国图书评论》1989年第1期。

除参加书展外，还要筹措其他的一些活动来介绍本国的文化，可以与图书有关，也可以是文艺演出等。主宾国的设置无疑会使主宾国成为书展汇聚的焦点，不仅有利于主宾国宣传自己，也有利于增强主宾国及其他国家参加书展的热情，扩大书展的国际影响。自20世纪50年代起，一些会展公司和企业便积极向海外拓展，通过在有潜力的国家举办会展，不断增强自身的实力和影响力。如法兰克福展览有限公司在2008年共组织了100多个展会，其中在国外举办了68个。在国外办展览，不仅可以从经济增长较快的世界其他地区获得一定的经济收益，还可以通过在这些地区的宣传，吸引这些地区或国家的展商、观众前来德国参加或观看国际博览会，起到双重效果。

经过半个多世纪的发展，法兰克福的会展产业在政府的积极引导，行业协会管理、展览公司、参展商及院校等各方面的共同努力下日益强大、完善，在世界会展行业中所占有的份额也越来越大，城市发展和世界知名度也在会展业的带动下日益提升。法兰克福已成为一个享誉世界的大都市。

三、巴塞罗那：历史文化名城的传承与保护

巴塞罗那，伊比利亚半岛的明珠，地中海沿岸的秀美城市。作为地中海沿岸的第二大港口城市，它不仅是加泰罗尼亚自治区的政治中心，也是西班牙经济发展的火车头，更是享誉全球的旅游城市。巴塞罗那在城市发展上的最大特色是保留了大量的老城

区和历史建筑，将这些古旧的城区和建筑与城市的发展融合到一起，实现了历史与现代的完美结合。

巴塞罗那是一座有着几千年历史的古城，对这座古城的改造和开发历来受到城市管理者或经营者的重视。有记载表明，西班牙政府早在近150年前就对这座古老的城市采取了保护措施。19世纪，随着工业化的进行，巴塞罗那面临着城市空间和急剧增长的人口之间的矛盾。1859年，巴塞罗那老围墙的拆除，标志着巴塞罗那进入了一个新的发展阶段。限于老城空间、文物保护及发展的需要，巴塞罗那政府做出了向外围空间发展的战略举措，将新城建立在老城和村庄之间的边缘地带上。在道路系统上，新城区规划了一个完全不同于老城的棋盘式路网，通过林荫大街与历史上形成的老城区中心相连，使新旧两城区相互呼应。

巴塞罗那城市的改造、发展，大致可分为三个阶段：第一个阶段是从20世纪80年代初至80年代中后期，其间巴塞罗那致力于城市小型公共空间的改造；第二个阶段从1986年巴塞罗那申奥成功后，以举办奥运会为契机展开的对城市的规划和建设；第三个阶段是世纪之交至今，提出了建设"知识城市"的战略目标，注重文化对城市的提升。

（一）第一阶段

20世纪80年代，刚刚诞生的巴塞罗那市政府，面临着因城市向外发展而带来老城区衰落的问题。基于改善老城区环境、重新激发城市活力的目的，巴塞罗那市政府决定对城市进行改造。

目标是重新规划广场、街道和公园，以提高城市生活质量。巴塞罗那是一座具有2000多年历史的城市，建筑风格受古希腊、古罗马和阿拉伯文化的长期影响，主要体现在城市风貌和诸多的历史建筑中，形成了自己特有的多元文化的格局。为保护好这座历史文化名城，巴塞罗那政府在旧城的改造中采取了一系列措施。

首先，在对旧建筑的保护方式上，巴塞罗那采用了欧洲各国一贯使用的形式：

（1）严格保留原物的历史地段，要求对重要的历史建筑完整、准确、原封不动地永久保存下来。

（2）以保护为主、适当添建与改建的历史地段，要求基本保留原有的街区格局和原有建筑物，房屋内部允许进行改造。但建筑物外面应严格维持原有风格，严禁毁灭性地推倒重建。

（3）以改建为主、保护为辅，保留其旧有格局和富有特色的建筑及街区的历史地段，一般适合于范围较大且街区内部文物建筑较少或街区形态已遭到严重破坏的非重点保护的历史地段。

为了规范改造，政府还出台了相关法律。法律对个人应负的责任做出了明确的规定，如保护的古建筑的外部结构属于政府的责任，任何租赁或购买建筑物的开发商、经营者或居民仅仅拥有建筑内部的使用权，不拥有对建筑物的整体改造权，而且不得以破坏历史文物为代价对文物进行修复，必须完整地保留文物遗迹的原状。巴塞罗那市还专门颁布了《历史建筑保护名录》，根据全市几百个历史建筑的具体面貌一一制定有针对性的、详细的保护条款，对不符合规定的改造予以严厉处罚。《历史建筑保护名录》的出台，为完整地保护巴塞罗那市的历史风貌起到了重要的作用。

在具体实施上，巴塞罗那市政府采纳了总规划师奥依厄尔·博依霍斯（Oriol Bohigas）的建议，对城市进行"针灸法"式的改造，对被占用的街道内院，以街坊为单位进行小规模开发，将其改建为小公园或小广场式的公共空间，给老旧的街道重新植入生机和活力。"针灸法"式的改造，操作上灵活、有针对性，不仅减少了改造中的盲目行为，而且避免了因大规模改造带来的破坏，对历史文化做到了最大可能的保护，对资源进行了最大限度的整合，而这种模式也被誉为"巴塞罗那模式"。

这种模式不仅体现在对街道的改建中，而且体现在对某些文物的修复中。残桥是巴塞罗那市郊的一处文物，桥的拱形结构在1811年的拿破仑战争中遭到破坏，在随后的190余年间没有得到任何修复。对这座桥梁进行修复时，修复者找不到关于这座桥完整形象的资料，也就不能恢复它的原貌，而修复这座桥梁的目的仅在于发挥桥梁的功能，即满足步行的需要，所以修复者采用了一种能够反映出新旧差异的方式对桥梁进行了修复，在保留残桥的前提下，用钢结构表现出桥缺失的部分。①

——————
①哈维尔·丰特、李菁：《残桥的修复，巴塞罗那，西班牙》，《世界建筑》2008年第1期。

（二）第二阶段

1986年，巴塞罗那赢得了第二十五届奥运会的主办权。申奥的成功为这座古老城市的开发提供了新的契机，于是巴塞罗那开始了一个新阶段的规划和建设。在具体的规划上，巴塞罗那市政府认为筹办奥运会的出发点是继续改造和发展城市，因而在场馆及相关设施建设上统筹安排，在兼顾社会效益与经济效益的同时，与巴塞罗那市的地理、历史、文化特点相结合，使奥运会为巴塞罗那的城市发展带来社会效益与经济效益。

在对奥运会场馆的规划中，巴塞罗那注重了四个方面的内容：一是利用大学原有的体育设施，二是在落后地区新建主场馆，三是改造原有的奥运会场馆，四是将滨海废弃的工业区改造成奥运村。对原有场馆的改造，尤其是对古旧场馆的改造，巴塞罗那也做到了对建筑的保护。如用于开、闭幕式及田径比赛的蒙锥克体育场，始建于1929年，在对场馆内部进行必要的改造时，保持了外观上的原貌，对建筑的破坏降到了最低。

在修建奥运村时，则将奥运场馆的建设与城市的总体规划连接到一起。奥运村本可以修建在一片空地上以节约成本，但为配合"城市面向海洋"的规划战略，政府决定把奥运村修建在海滨地区的废旧工业区里，在长达5千米的海岸线上修建奥运村，并通过奥运会的举办使这里成了知名的旅游、度假胜地，每年都有近200万名的游客，同时带动了相关产业的发展。

为使老城区与海滨连接起来，巴塞罗那政府对兰布拉大街进行了改造。兰布拉大街纵贯整个老城区，串连了临街的文化设施和空间，为加强周围街区历史建筑与大街的联系，在沿街建筑上还进行了一定的处理。如街道中段 20 世纪 90 年代建成的影院，背后是中世纪修建的德卡萨教堂，设计师将影院做了减法构成，预留了从街道观赏教堂的视觉通道，丰富了林荫道的景观元素。大街还保留了 19 世纪的街灯、雕塑，后来大多是新设的，数量多、造型简洁。值得一提的是，街道上设有众多的真人雕塑，或背靠一棵悬铃木，或依附一盏街灯，奇装异服的表演者更是展现了历史人物、故事、传说等场景，吸引过路人驻足。①

（三）第三阶段

巴塞罗那在世纪之交制定了城市发展的第一个 10 年发展战略，战略以"城市即文化，文化即城市"为主题。在后来的 10 年里，以"知识城市"的建设为目标，使巴塞罗那在地区城市群落中成为以知识为基础的主导城市，使富含知识的文化产业成为带动城市发展的引擎，以应对知识经济带来的挑战。为了顺利实施战略，巴塞罗那市议会专门任命了一个委员会，具体负责实施该项战略计划，成员达 215 位之多，涵盖政府、社团、大学、商会等机构和组织。该委员会为"知识城市"的建设制定了明确的目标：

强化巴塞罗那作为文化内容产业制造者（的优势）。

---

① 盖世杰、戴林琳：《"巴塞罗那经验"之城市街道解读》，《中外建筑》2009年第1期。

将文化打造成社会凝聚力的关键元素。

将巴塞罗那汇入数字文化的浪潮之中。

重新激活巴塞罗那的文化遗产。

将巴塞罗那的各种元素统一到单一的大都市文化空间中。

使巴塞罗那具有国际视野。[1]

除上述目标外,巴塞罗那还在以下几个方面加强城市文化资本的建设,其内容包括:

加强市民接触知识的途径建设。

强化公共图书馆的网络作用。

全体市民便捷使用新的通信技术。

文化设施和服务必须服务中央政府制定的教育战略。

国民的文化水平与欧洲各国保持一致。

学校网络与艺术指导相连接。

尊重全体市民的文化多样性和需求。

市民中心对多样性开放,引导建立面对面的人际关系。

全体市民有自我表达的途径。

有便捷获取知识的手段。[2]

为实现"知识城市"的战略目标,政府并非唯一的参与者,政府不仅号召市民参与到战略的实施中来,而且还鼓励私营的企

---

[1] Jordi Pascual IRuiz, "Culture, Connectedness, and Social Cohesionin Spain", http://www.cjc-online.ca/index.php/journal/article/viewArticle/1292/1315.

[2] 王志章:《知识城市21世纪城市可持续发展的新理念》,中国城市出版社,2008,第243页。

业或单位。为此，巴塞罗那政府特意制定了两项措施来激发私营企业的参与热情。一方面，为这些私营企业提供必要的基础设施，如网络通信、能源基础设施、运输系统等；另一方面，鼓励他们为"知识城市"进行有关的项目开发。如与"知识城市"项目相关的巴塞罗那Activa网，是由负责巴塞罗那整体经济发展的自治组织开发的，而且一批有创意的人才还可以入住古旧的建筑，用风格各异的建筑来激发创意者的灵感。2001年，巴塞罗那政府还启动了波夫莱诺地区的城市改造计划，即22@区计划。计划在区域内建设五大经济集群，即信息通信技术、媒体、医疗技术、能源技术和设计，以实现区内多元化的经济发展。而且在22@区建设中，老旧的建筑仍予以保留，保留原有的传统风貌，内部经过改造后使之成为具有现代化风格的办公设施。

2004年，第一届"世界文化论坛"在巴塞罗那举行。会议发表了《知识城市宣言》，该宣言衡量知识城市的指标体系主要包括：

有途径让知识为广大市民所用。

公共图书馆网络系统符合欧洲制定的标准。

所有的市民能够使用新的通信技术。

所有的文化服务设施能够适应城市的中心教育战略。

拥有一份有影响力的报纸，市民阅读能力和阅读面达到世界先进水平。

学校网络系统能与艺术指导相连，并能够辐射整个城市。

尊重市民的多样性。

城市街道具备文化服务功能。

拥有足够的场地和资源，以供社区和团体开展文化活动。

市民中心对多样性开放，使人们能够建立起面对面的直接关系。

为其他国家和地区的人们提供能够表达意见的便捷工具和手段。[①]

对比《知识城市宣言》中对知识城市的衡量标准，不难发现标准与巴塞罗那在知识城市建设中的许多措施有相似之处，在某种意义上也说明了巴塞罗那在知识城市建设上所取得的进展和成就得到了肯定。2006 年，巴塞罗那的知识产业在 GDP 中的比重已占到 84%，无论是总量还是比重都位于世界前列。更为可贵的是，巴塞罗那在城市的建设和发展中都将城市的保护纳入城市规划中，解决了城市发展和城市保护之间的关系，使得巴塞罗那成为古代文明和现代文明高度结合的完美城市。

四、首尔：城市营销的战略与路径

目前，韩国首尔已建立了统一领导、多元协调的城市营销组织网络和领导机制。其中，首尔市市长和首尔城市营销担当官室，构成首尔的城市营销规划组织，承担领导和协调的功能。市

---

①中国城市规划学会编《规划 50 年：2006 中国城市规划年会论文集（上）》，中国建筑工业出版社，2006，第 382—383 页。

长是城市营销的最高协调人。而首尔城市营销担当官室则负责首尔城市品牌的管理和推广，监督城市品牌在具体城市产品中的应用。首尔的其他城市营销组织则根据首尔城市发展使命、愿景以及首尔营销目标，特别在城市品牌核心识别和应用规范的指引下，分别在投资促进和企业服务、旅游促进和开发、市民沟通和雇员服务方面规划和开展城市营销工作。

首尔市于2003年1月新设了"城市营销担当官室"，城市营销担当官室隶属于首尔市弘报规划局，其根本职能是把首尔作为世界一流城市向国内外进行宣传，同时积极策划和开展城市营销活动。具体包括：制定和协调首尔国内外营销政策，协调首尔在海外的城市营销规划及相关营销努力，管理首尔城市品牌"Hi Seoul"及其标识系统，负责与国内外的相关机构进行合作营销及其他城市营销公关，以及城市促销活动的发起、规范、监督和协调工作等。该机构成立以来，开展了大量城市营销活动，使首尔在东亚乃至世界范围内都堪称城市营销的领先城市。

首尔弘报担当官室也是隶属于首尔城市弘报规划局的一个城市营销机构。该机构主要负责宣传市政政策、与市民的沟通。其具体职能包括：制定和协调海内外公关活动，制作和发行政府公关宣传品（刊物、手册等资料），通过媒体宣传辅助政府工作，管理和运营首尔信息中心，要求海外媒体访问和报道首尔正面形象，负责制作影视资料及对外宣传栏等其他城市宣传促进工作等。该机构根据首尔的形象定位和目标来展开宣传工作，重点是针对市民和海外受众的宣传工作。其中，弘报担当官室每月都要进行2—3次民意调查，根据市民意见来组织和协调宣传工作。

五、阿姆斯特丹和爱丁堡：公私合作模式

欧美国家的城市营销管理机构，大多都采用公私合作的模式，即由公共部门、企业部门和社会团体的代表，共同组成城市营销的核心规划和领导机构。公私合作模式又可具体分为社团模式和企业化模式，前者是社团组织法人，后者则为企业法人，但其治理结构在本质上是相似的。其中，社团模式的典型案例有阿姆斯特丹、多伦多、巴塞罗那等，企业化模式的典型案例有爱丁堡、伯明翰、纽约、赫尔辛基、伦敦等。这里重点介绍荷兰阿姆斯特丹及英国爱丁堡的经验。

1.公私合作社团模式：荷兰阿姆斯特丹案例

阿姆斯特丹市的管理者认为，城市营销实质上是城市所有的行动者以市场导向的方式协力向外界展示、提供其城市价值的行动过程。同时，城市营销也不能仅仅依靠自身来完成。事实上，周边其他城市与阿姆斯特丹的联系非常密切，如诺德惠克市打出了"阿姆斯特丹的海滩"作为其城市推广口号。此外，与荷兰品牌工作委员会、荷兰旅游休闲组织、国家投资促进机构以及相关的政策决策机构等的合作也非常重要，因为这些机构一直都是协助营销阿姆斯特丹的重要力量。在这一策略思维的指导下，阿姆斯特丹的管理者决定成立一个公私合作的平台，来管理和控制城

市品牌。

尽管阿姆斯特丹在欧洲城市中有着很高的声望和排名，但也感到竞争的压力，认为城市营销应该摆到增强城市竞争力的优先位置。2004年3月，公私合作的城市营销管理机构"阿姆斯特丹伙伴"（Amsterdam Partners）正式成立，成为协同该市所有城市营销组织的核心力量。该机构的中心任务是围绕阿姆斯特丹的独特定位，即"创意、创新和商业精神的结合"的理念，来推广和提升阿姆斯特丹地区的城市品牌形象。"阿姆斯特丹伙伴"设立了监事会、管理委员会、顾问委员会和缔约委员会等。其中，监事会由市长任主席，成员包括主要的企业部门代表以及地区和学界的代表。管理委员会的成员主要由本地企业界和地方政府的领导组成，下设一个负责城市具体实施和协调的工作团队。

2004年9月，该机构制定并正式发布了阿姆斯特丹的新口号"I Amsterdam"（直译是"我，阿姆斯特丹"），还对其进行了规范设计，创造出城市的新品牌。"I Amsterdam"的意蕴，是对阿姆斯特丹的偏爱和选择，是表现自豪感，是每个个体对城市的背书，同时也是城市对自身充满机遇和卓越品质的宣言。目前，"阿姆斯特丹伙伴"已拥有加盟伙伴成员近百个，包括企业、社会组织、城市营销组织、其他城市市政当局等，为机构运作提供主要的基金。

阿姆斯特丹的城市品牌营销管理，充分体现了城市营销治理的思维和模式，不仅吸纳了众多的利益相关者参与，而且通过

"阿姆斯特丹合作伙伴"这一管理组织，使之成为名副其实的营销主体。此外，若干机构和职能部门的设立，使组织的参与性、利益的代表性和管理的专业性达成一致，这也是阿姆斯特丹的重要经验。总之，阿姆斯特丹的城市营销和品牌管理经验，在欧洲的城市营销实践中处于较为领先的地位，值得借鉴。

2.公私合作企业模式：英国爱丁堡案例

爱丁堡的城市品牌管理，经历了一个渐进的探索过程。

（1）爱丁堡品牌管理的前期探索：成立城市品牌管理机构。

2003—2005年，爱丁堡与Interbrand公司的项目团队一起就爱丁堡城市品牌进行了研究和设计。在爱丁堡公共部门和私人部门的协同努力之下，"鼓舞人心的爱丁堡"城市品牌于2005年5月25日被正式推出。新的城市品牌，凝结着爱丁堡的核心信息和雄心，是爱丁堡整合城市营销的强大工具，并且需要担当起向全世界推广爱丁堡投资、旅游、居住和学习价值的使命。2006—2008年，这一项目又获得第二轮总额为100万英镑的基金资助，用于爱丁堡城市品牌的建设和营销。从2008年4月起，爱丁堡城市品牌正式纳入市议会的年度预算，这意味着城市品牌营销和管理，已经成为爱丁堡市政府的一项常规制度和投资。

"鼓舞人心的爱丁堡"（EICB）城市品牌是公私合作的产物，由爱丁堡地区重要部门的相关代表，组成如下三级管理体系：

一是日常工作层面，即EICB品牌项目组。项目组负责城市品牌的日常管理和运营，并受品牌工作组和品牌指导组的指导和监督。这个团队的基本任务是向国内外受众推广爱丁堡城市品牌，比如发展品牌独特信息、联络品牌合作伙伴、推动品牌合作营销以及维护品牌官方网站等。项目组有四位经验丰富的专职人员，主要从事项目管理、广告、公共关系和节会活动的营销等。

二是执行策略层面，即EICB品牌工作组。工作组负责管理品牌的发展和沟通，比如监控品牌项目的开支，进行主要执行项目的决策等。品牌工作组每月开一次例会，并负责向品牌指导组汇报工作。工作组的成员有着丰富的城市营销经验，主要来自市议会的宣传部门、经济发展部门，以及爱丁堡商会及苏格兰旅游部门等。

三是战略指导层面，即EICB品牌指导组。指导组由爱丁堡地区重要部门的高级代表组成，包括来自商业界、金融界、高校、各级政府、节会组织、旅游组织、志愿者组织、生物科技产业、信息技术产业、零售业、创意产业等高级代表等。他们的职责是为城市品牌项目组和工作组提供基本的战略背景、方向和指导建议，同时，他们通过在本部门或本机构采用和推广爱丁堡城市品牌，有效巩固了城市品牌的合作基础，同时有效支持了城市品牌营销的发展。指导组每年大约举行三次例会。

城市品牌管理体系的建立，为爱丁堡城市品牌营销奠定了坚实的组织和制度基础。

（2）从项目管理到营销治理网络化——DEMA项目。

如前所述，此前EICB品牌项目管理已经形成了三级管理的机制。事实上，爱丁堡还存在着若干具体领域及项目的城市营销治理机构，比如，爱丁堡旅游发展行动组织（ETAG）、爱丁堡节事联盟（Festivals Edinburgh）、爱丁堡核心商务局（Essential Edinburgh）、爱丁堡会展局（Edinburgh Convention Bureau）、爱丁堡商会（ECC）等。这些组织与爱丁堡品牌管理组织也保持着密切的协同关系。然而，爱丁堡对其城市营销的协同和领导力度有着更大的雄心和计划。

从2007年以来，爱丁堡认识到其城市品牌营销还存在诸多亟待解决的问题，比如力量分散、目标不一等。因此，各界利益相关者认为有必要进一步加强爱丁堡的城市营销领导力，以发展目标统一的国内和全球的营销战略；同时确保在交叉营销日益深化的条件下，品牌营销的声音，即关于爱丁堡的旅游、投资、人居和学习等方面的信息能保持一致。城市营销不可能是任何单一机构和个人所能把握的，因此必须有一个切实行动者的联盟。2009年4月1日，经过一年多的筹备和运作，在市议会的大力支持下，由公私各界代表组成的"爱丁堡目的地营销联盟"（DE-MA）正式成立并开始运作（图10-2），堪称爱丁堡城市营销的又一里程碑式的事件。

DEMA是在爱丁堡市议会推动下组建的独立的公私协作机构。机构将以"鼓舞人心的爱丁堡"为消费者界面，聚焦于组织间营销（B2B）和支持，致力于爱丁堡城市营销战略的研究，开发整体性的爱丁堡城市营销战略规划，协同推进爱丁堡所有的城

市营销推广活动。作为城市品牌的战略枢纽，DEMA目前已注册
为法人。

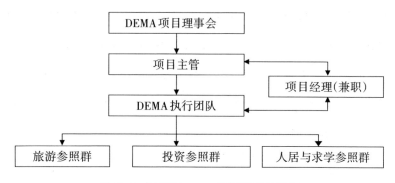

图10-2 爱丁堡DEMA项目治理结构图

爱丁堡目的地营销联盟秉承"鼓舞人心的爱丁堡"品牌意
志，并将其作为推广的界面。事实上，新成立的DEMA已成为
爱丁堡城市品牌的管理者，并与爱丁堡品牌管理团队保持着有效
协同（DEMA与之在同一处办公）。也就是说，形成了专业化的
品牌管理、强势的战略营销规划和推广力量实现了有效的对接。

DEMA实行了更大范围的营销治理网络拓展，包括苏格兰地
区层面的旅游和经济开发机构以及本地的各界、各类组织。上述
城市品牌管理机构以及具体领域和项目的治理机构，无不在其协
同之列。目前，DEMA的成员数量仍在持续增加。同时，DEMA
的治理网络，也初步形成了一个现实可行的运行机制。

总之，从具体项目的治理到行业治理，从城市品牌治理到跨
地域的城市营销网络化治理，爱丁堡的城市营销道路已经跃升到
了一个新的平台，开辟了一条令人瞩目的城市营销创新之路，具

有宝贵的标杆意义。

　　"爱丁堡目的地营销联盟"成立以来，爱丁堡城市品牌营销步入了一个更加专业，更富领导、动员和协调能力的新时代。爱丁堡成功的城市品牌营销运作获得了广泛关注，迄今为止，贝尔法斯特、谢菲尔德、马德里、布宜诺斯艾利斯、东京、鹿特丹、加的夫等城市经常性地就城市品牌化问题向爱丁堡咨询经验，取经学习。

结　语

2010年前后，我国GDP每年增速很快，达两位数。全国当时有180座城市规划建设国际化大城市。因为对外开放和对外贸易的发展，让城市主政者无不跃跃欲试。

建设世界城市是个几起几落的话题。最早提出建设世界城市的是上海，是在2000年前后。近几年，上海市政府重新明确了建设世界城市的目标。北京奥运会后，提出了建设世界城市的目标，后来主旨有些变化。当时我们还是做了一些理论和调研的工作，开阔了眼界，收获不少。

之后，深圳、广州先后提出了建设世界城市的目标，并付诸实践。深圳的同志到北京请我们来探讨深圳如何建设世界城市。会后出了一本论文集，唐丽霞主编。之后就有了深圳主要领导组团横跨欧美的"深圳拓展全球名望"之行。然后是广州，我们到广州讨论广州建设世界城市的思路、目标、构架和措施。

2018年，国家中心城市的争夺尘埃落定，4座城市被规划为全球城市，11座城市成为国家中心城市。这一称号也代表着国家对这些城市发展的肯定和对未来的规划。

　　党的十九大以后，国内城市大竞争呈现出十分激烈的情景。新一线城市异军突起，抢人大战此起彼伏。这几年杭州、成都都提出要建设世界文化名城，一时间声名鹊起。杭州勾画了加快城市国际化，建设独具韵味、别样精彩的世界名城发展的宏伟蓝图。从"西湖时代"到"钱塘江时代"，从"后峰会"到"前亚运"，杭州正在发挥"领头雁"的作用，努力打造展示新时代中国特色世界名城的重要窗口。成都市则郑重向世界发出宣言：建设世界文化名城。他们搞了"成都建设世界文化名城论坛""创意设计周"等一系列的文化建设项目，还搞了六大新经济的发展模式。这是国内继北、上、广、深、杭之后，又一个宣布大力建设世界城市的西部文化名城。当然还有西安，它本就是世界城市，人人都知道，十三朝古都，就是唐代的长安城……

　　近代国际经验告诉我们，纽约的兴起，并成长为世界城市，是美国崛起乃至成为世界大国的标志。东京成为世界城市，也是日本崛起乃至成为世界大国的象征。我国建设世界城市，是应历史的呼唤，回应全民的期盼，去实现中华民族伟大复兴的必然要求。我们当然要借鉴世界各城市发展的经验，将中国的城市带到全球发展的大舞台上。在这新一轮竞争中跃上更高的平台，续写中国走向世界的新神话。